N'hésitez p[illegible]!

N'hésitez pas!

Denise Jolivet
Jeanette Kitteringham

Edward Arnold

First published in Great Britain 1987 by
Edward Arnold (Publishers) Ltd, 41 Bedford Square, London WC1B 3DQ

Edward Arnold (Australia) Pty Ltd, 80 Waverley Road, Caulfield East,
Victoria 3145, Australia

British Library Cataloguing in Publication Data

Jolivet, Denise
N'hésitez-pas!
1. French language — Textbooks for foreign speakers — English
I. Title II. Kitteringham, Jeanette
448 PC2112

ISBN 0-7131-8433-7

Text set in Century Schoolbook
by BookEns, Saffron Walden, Essex
Printed and bound by The Bath Press, Bath, Avon

Contents

Acknowledgements

The publishers would like to thank the following for their permission to reproduce copyright material:

Dinan Office du Tourisme for 'Renseignements Généraux'; Michelin for their Guide 'France', 1986 edition; Ministère de l'Intérieur et de la Décentralisation for 'Vacances prudence'; La Montagne for 'Bonjour Météo'; Office du Tourisme, Besse en Chandesse for 'Besse Super-Besse' and SNCF for 'Guide du Voyageur TGV' and 'Carte Inter-Rail'.

and photographs:

Photothèque de l'Enfance et de l'Adolescence pp 28, 32, 36 (bottom), 43, 47 (Jean Sequet), p 36 (top left) (Jean Sequet and Pierre Allard), p 36 (top right) (Robert Pialoux); French Government Tourist Office pp 42, 50 (Yves Guillemaut), 62

In addition to the above, the authors wish to extend their personal thanks to Lesley & Paul Blount; Simon Chabaud, Besse; Madame la Directrice du Collège Jean Moulin au Andelys; Monsieur Duffour, Chalet du CUC, Superbesse; Jonathan Grey (for illustrations); Peter Mills, Press Officer, French Railways, London; Magali Prothon, Montélimar; Monsieur le Proviseur du Lycée Français de Londres; Lionel Raffard, Fontainebleau; Geoffroy de Rasilly, Montpellier; Colleagues at Reigate Grammar School; Les Syndicats d'Initiative de St Malo et de Besse et St Anastaise; Mr P F S Wicker, Former Headmaster, Rokeby School

Preface

N'hésitez pas! is intended to help teachers and students to prepare for first examinations in French, and is particularly geared to the new GCSE. The book and cassette provide lively material based on five main topics, for practice in listening and reading comprehension, question and answer work, and role play. The intention is to encourage students to listen, read, understand and respond, and eventually to initiate communication themselves.

Questions on the listening and reading material are given in English as well as French to help teachers and students explore the topics together. It is important for students to look for and discover information for themselves, even if they are only picking out key words and expressions. French questions can follow once the material has been examined, explained and discussed.

Some of the situations based on the topic material can be responded to using very basic skills, but students should progress to more complicated operations and to lengthier conversations, learning to build on basic sentence patterns, key phrases and basic vocabulary. The emphasis is on colloquial language, but the degree of accuracy instilled through repetition will give the student confidence. With confidence s/he will proceed to build on the basics. If the student can ask for brochures at the Bureau de Tourisme s/he will be able to ask for other things in other places.

Role plays are an important feature of the book. Having listened to the cassette, the students should practise the same role and then go on to cope with similar, but slightly different situations, using the basic sentence patterns. Thus the recorded dialogues are only a basis for work, a pattern for an accurate, acceptable way of expressing oneself, providing students with confident in pronunciation and intonation.

A final type of exercise might be to reproduce in writing what has been practised orally, but written work is seen only as a natural sequel to the listening, reading and speaking activities, to consolidate vocabulary and constructions and to vary the classroom activity.

1 En vacances

La traversée

Vocabulaire

à l'intérieur	inside
agité	rough (of sea)
l'aire de repos (f)	rest area
s'arrêter	to stop
attendre	to wait for
avoir faim	to be hungry
avoir soif	to be thirsty
le car	coach
le coffre	boot (of car)
débarquer	to land
la douane	Customs
le douanier	Customs Officer
durer	to last
jusqu'à	as far as
mauvais	bad
mettre	to put
passer	to spend
passer par	to go through
le pont	deck
rester	to stay
le toit	roof
le tour	turn
la traversée	crossing
vers	towards
le voyageur	traveller, passenger

This year the Browns are spending their holidays camping in France. Isabelle, who has been on an exchange visit, is going back to France with them.

Listen to Isabelle's description of the crossing (Passage 1) and answer the questions in A, B, C and D.

A

1 Où est-ce que les Brown vont passer les vacances?
2 Comment est-ce qu'ils voyagent?
3 Où est-ce qu'ils mettent les bagages?
4 A quel port vont-ils?
5 Quelle est la date?

B

1 Où est-ce que les Brown prennent le bateau?
2 Ils vont arriver à quel port en France?
3 Combien de temps dure la traversée?
4 Est-ce que la mer est agitée?
5 Est-ce qu'ils restent à l'intérieur du bateau?

C

1 Où est-ce que les Brown débarquent?
2 Que font-ils en arrivant?
3 Qui examine les bagages et les passeports?
4 Pourquoi doivent-ils attendre leur tour?
5 Que font-ils en sortant de la douane?

D

1 Quelle route prennent-ils?
2 Quand s'arrêtent-ils?
3 Où est-ce qu'ils s'arrêtent?
4 Pourquoi?
5 Quel temps fait-il?

E

Now do the following:

1 Tell the story in your own words, in the present tense, using the vocabulary given.
2 Do the same thing, using the past tense.
3 Finally, describe a Channel crossing you may have made on a school journey or with your family.

A l'hôtel

On the way to the campsite they stop for a night at Barbizon, south of Paris.

A

Study the Michelin Guide extract below and the key opposite and answer the following questions:

1 How far is Barbizon from Paris?
2 What is the number of the *département*?
3 Which hotels have tennis courts?
4 Have any of these hotels a swimming-pool?
5 Have they any business facilities?
6 In which hotels are meals served in the garden?
7 What does SC stand for?
8 Which hotels cater for handicapped people?
9 Are dogs allowed in all the hotels?
10 Which restaurant is the best and why?
11 What specialities are served there?
12 How much would you expect to have to pay for a room at the Bas-Bréau?
13 How far from the centre of town is Le Grand Veneur and how would you reach it?
14 What special features does it advertise?
15 What type of hotel is Les Alouettes?
16 Is the Relais de Barbizon open on 20 August?
17 How much would a meal cost at the Broche de Barbizon?
18 How many rooms are there at the Hôtel des Pléiades?
19 How much does breakfast cost there?
20 Why do you think there are so many hotels and restaurants in such a relatively small place?

BARBIZON 77630 S.-et-M. 61 ①②, 196 ㊺ **G. Environs de Paris** – 1 273 h. alt. 80 – 6.
Voir Gorges d'Apremont★ : Grand Belvédère★ E : **4 km puis 15 mn.**
Office de Tourisme 41 r. Grande ☎ 066.41.87.
Paris 59 – Étampes 39 – Fontainebleau 9,5 – Melun 11 – Pithiviers 47.

Bas-Bréau M, ☎ **066.40.05, Télex 690953, « Jardin fleuri », parc,** – TV – 30. AE E VISA
fermé début janv. à mi fév. – **R** carte 240 à 300 – ≤ 55 – **12 ch** 600/825, 7 appartements
Spéc. Canard sauvage au Mareuil rouge (mi-juil. à fin-déc.), Filet de Charolais en feuilleté, Grouse d'Écosse rôti aux champignons sauvages (mi-août à fin sept.).

Les Alouettes, ☎ **066.41.98, parc,** – wc P – 35. AE E VISA
SC : **R** 120/220 – ≤ 25 – **25 ch** 135/175 – P 240/290.

Les Pléiades avec ch, ☎ **066.40.25,** – wc – 25. AE E VISA
SC : **R** 120/220 – ≤ 23 – **15 ch** 180/225 – P 280/340.

Host. Clé d'Or avec ch, ☎ **066.40.96,** – wc wc P – 25. AE E VISA
fermé 15 nov. au 15 déc., dim. soir et lundi sauf fériés – SC : **R** 135 bc, carte le dim. – ≤ 26 – **15 ch** 145/295.

Le Relais de Barbizon, ☎ 066.40.28, – VISA
fermé 19 août au 6 sept., 19 déc. au 7 janv., mardi et merc. – SC : **R** 83/114.

sur la N 7, à l'orée de la forêt E : 1,5 km – ✉ **77630** Barbizon :

Grand Veneur, ☎ **066.40.44, « Salle rustique avec grande broche devant un feu de bois »** – P. AE VISA
fermé 24 juil. au 23 août, merc. soir et jeudi sauf fériés – **R** carte 170 à 240.

Broche de Barbizon, ☎ 066.40.76 – P
fermé 10 au 31 janv., merc. soir et jeudi – SC : **R** 54/107.

MICHELIN

- Grand luxe
- Grand confort
- Très confortable
- De bon confort
- Assez confortable
- Simple mais convenable

- La table vaut le voyage
- La table mérite un détour
- Une très bonne table
- R 60 Repas soigné à prix modérés
- Petit déjeuner
- SC Service compris

- Menu à moins de 55 F

- Hôtels agréables
- Restaurants agréables
- Vue exceptionnelle
- Vue intéressante ou étendue
- Situation très tranquille, isolée
- Situation tranquille

- Repas au jardin ou en terrasse
- Piscine en plein air ou couverte
- Jardin de repos - Tennis à l'hôtel

- Ascenseur
- Air conditionné
- wc Salle de bains et wc privés
- wc Douche et wc privés
- Téléphone dans la chambre
- Téléphone direct
- Accessible aux handicapés physiques
- Garage gratuit ou payant
- Salles de conférence, séminaire
- Accès interdit aux chiens

B Matching exercise

Check the information opposite before doing the following exercise:

1 une chambre à deux lits
2 ascenseur
3 garage gratuit
4 salle de bains et W.C. privés
5 chauffage central
6 eau courante
7 accès interdit aux chiens
8 une chambre avec douche
9 piscine couverte
10 accessible aux handicapés physiques

A a room with a shower
B covered swimming pool
C running water
D a two-bedded room
E accessible to handicapped persons
F lift
G private bath and toilet
H free parking
I central heating
J no dogs allowed

C

Role-play

Listen to Dialogue 1 in which a tourist is booking rooms at a hotel. Now, working in pairs, take turns to act the parts of the tourist and the receptionist.

Tourist *Ask if that is the Hôtel les Alouettes.*
Réception Oui, j'écoute.
Touriste *Say that you would like to reserve two rooms.*
Réception Pour quel jour, Monsieur/Madame?
Touriste *Say that you would like to reserve 2 rooms for tomorrow evening for two nights.*
Réception Deux chambres avec douche?
Touriste *Say, yes, you would like one room with a double bed and one with twin beds.*

Réception	Bien Monsieur/Madame. Je vous réserve deux chambres avec douche pour deux nuits, à partir de demain soir.
Tourist	*Ask the price of the rooms.*
Réception	A cette saison, c'est de 135 à 175 francs.
Tourist	*Thank the receptionist and say good-bye until the next day.*

D

How would you express the following in French?

1 1 double-bedded room
2 1 twin-bedded room
3 a room with a shower
4 a room with a bathroom
5 a room with a W.C.
6 a room on the second floor
7 from tomorrow evening
8 Is there a restaurant?

E

Working in pairs, be the hotel owner and the tourist:

1 Telephone the Hostellerie Clé d'Or and ask for a double-room with private bathroom & WC. Ask if there is a telephone in the bedroom and whether there is a garage where you can park your car. Ask how much it will cost.

2 Ring up Les Pléiades and ask if they have rooms for tonight. Ask if there is a restaurant and if you can bring your dog.

3 Ring up the Grand Veneur and ask if you can reserve a table for 6 people for Saturday evening. Ask the price of a meal 'à la carte'.

A la gare

Vocabulaire

S.N.C.F.......... Société Nationale des chemins de fer français
T.G.V............ Train à grande vitesse
le billet.......................... ticket
la boisson....................... drink
le bureau de renseignements...... information desk
le coffret-repas............... tray meal
le compartiment.......... compartment
non-fumeur............... non smoking
le contrôleur .... ticket inspector
se déplacer.................. to travel
la durée .... length, duration
l'employé............. railway employee
la gare......................... station
le guichet .... ticket office
louer .... to book (a seat)
la monnaie..................... change
la place .... seat
la rame .... carriage
réserver .... to book, reserve
le supplément............. supplement
le trajet........................ journey
la voie .... platform
la voiture-bar......................... bar
la voiture-couchettes .... sleeping-car
la voiture-lits .... first-class sleeping-car
la voiture-restaurant .... dining-car

A

Study the brochure extract and answer the questions in English:

1 What can be bought in the 1st or 2nd-class bar to eat and drink?
2 Which full meals can be obtained in the 1st-class part of the train?
3 Is it necessary to book a place in the 1st-class dining-car?
4 Which meals are offered in the 2nd-class coaches?

5 What can be bought at the shop on the train?

6 Where do handicapped people in wheel chairs travel?

7 How much do they pay?

8 What service is available on the T.G.V. for children between the ages of 4 and 14?

LES SERVICES A BORD DU TGV

LA RESTAURATION

1 - LE BAR

Dans chaque rame, le bar est ouvert pendant toute la durée du trajet. Ce bar offre aux voyageurs des deux classes : • des plats simples chauds et froids • des sandwichs • des boissons chaudes et froides.

2 - LA RESTAURATION A LA PLACE EN 1re CLASSE

Un service à la place est assuré dans les voitures 1re classe réservées à la restauration de tous les TGV circulant aux heures habituelles des repas.

Ce service propose :

• le matin, un petit déjeuner,

• à midi et le soir un menu complet avec choix entre plat du jour chaud ou froid ou une grillade.

Les menus sont souvent renouvelés à l'intention des voyageurs se déplaçant fréquemment en TGV.

Réservez votre repas dans ces voitures en même temps que votre place.

3 - LA RESTAURATION EN 2e CLASSE

Un service de coffrets-repas froids, sans réservation, est proposé dans les voitures de 2e classe de certains TGV.

LES AUTRES SERVICES

Un coin boutique situé dans le bar vous propose :

• tabac • journaux et revues.

Handicapés

Une place dans une voiture de 1re classe peut être réservée pour une personne handicapée désireuse de voyager sur son fauteuil roulant. Cette personne paye le tarif de 2e classe.

Jeune Voyageur Service (JVS) (1)

Pour les enfants voyageant seuls (de 4 à moins de 14 ans) un service particulier (JVS) est mis à votre disposition dans certains TGV : une hôtesse prend en charge les enfants, de la gare de départ à la gare d'arrivée, moyennant un supplément spécifique.

Paris – Gare de Lyon

The Brown's friends are also travelling to the South of France but they are going not by car but by train to Marseille. After crossing the Channel, they take the train to Paris, where they arrive at the Gare du Nord. From there, they take a taxi to the Gare de Lyon.

A Au bureau de renseignements de la SNCF

Listen to Dialogue 2 and ask the following in French:

1 I should like some information please.
2 When does the train leave?
3 When does the train arrive?
4 How long does the journey take?
5 Does one have to change trains?
6 Is it necessary to book a seat?

B Au guichet

Listen to Dialogue 3 and ask for the following in French:

1 A first-class ticket to Lyon, please.
2 A second-class ticket to Nice, please.
3 A single ticket to Versailles, please.
4 A return ticket to Marseille, please.
5 How much is the supplement?
6 I prefer a non-smoker.

C

Répondez en français:

1 Où est-ce qu'on demande des renseignements?
2 Où est-ce qu'on achète les billets?
3 Où est-ce qu'on mange dans un train?
4 Où est-ce qu'on boit dans un train?
5 Où est-ce qu'on peut dormir dans un train?

D Role-play

Listen to Dialogue 3 again. Now, working in pairs, take turns to act the parts of the tourist and the railway clerk.

Touriste *Ask for a return ticket to Marseille.*
Employé Première ou deuxième?
Touriste *Say that you would like a second class ticket and ask if there is a supplement for the TGV at 10.23.*
Employé Non, il n'y a pas de supplément.
Touriste *Say that you would like to book a seat on the TGV in a non-smoking compartment.*

E Dans le train

Listen to Dialogue 4 and answer the following questions in French:

1 Qui présente son billet?
2 Qui vérifie les billets?
3 Que veut faire le voyageur?
4 Quel type de repas y a-t-il?
5 Faut-il réserver un coffret-repas?

F

Listen to Dialogue 5 and answer the following questions in French:

1 Que veut faire la voyageuse?
2 A quelle heure peut-elle déjeuner?
3 Faut-il réserver une table?
4 C'est combien, le menu dans la voiture-restaurant?

G Role-play

Listen to Dialogue 5 again. Now, working in pairs, take turns to act the parts of the passenger and the inspector.

Voyageur *Ask if there is a bar or restaurant on the train.*
Contrôleur Oui, Monsieur, les deux.

Voyageur *Ask at what time one can eat in the restaurant.*
Contrôleur A midi ou à une heure.
Voyageur *Ask what food is available at the bar.*
Employé Il y a des sandwichs et des croque-monsieur.
Voyageur *Ask if it is necessary to book a table in the restaurant.*
Employé Non, ce n'est pas nécessaire.
Voyageur *Ask the price of the lunch.*
Employé Il y a un menu à 80 francs.

Carte Inter-Rail

A

Look at the information about Inter-Rail and answer the following questions in French:

1 Pendant combien de temps la carte est-elle valable?
2 Combien de kilomètres peut-on faire?
3 Dans quel pays est-ce qu'on peut voyager à demi-tarif?
4 Est-ce qu'on voyage en première ou en deuxième classe?
5 Faut-il acheter un billet?
6 Dans combien de pays peut-on voyager?
7 A quel âge peut-on obtenir une carte?
8 Quels sont les autres avantages de la carte?
9 Où peut-on obtenir la carte?
10 Que faut-il présenter en achetant la carte?

Inter-rail

kilométrage illimité dans 20 pays

C'est une bonne formule pour les jeunes qui souhaitent voyager à l'étranger. La carte Inter-Rail, en effet, est valable en 2e classe pour un mois à votre choix, sur un ensemble de réseaux de chemin de fer, en Europe et au Maroc.

Pour bénéficier d'Inter-Rail, il faut être âgé de moins de vingt-six ans au premier jour de validité de la carte : ainsi, si vous êtes né le 24 novembre 1958, vous pourrez obtenir une carte dont le premier jour de validité sera, au plus tard, le 23 novembre 1984.

Gratuité Demi-tarif et réductions

Pendant le mois de validité, INTER-RAIL, c'est le voyage sans achat de billets dans vingt pays étrangers et à demi-tarif dans le pays où l'on réside habituellement. Ainsi, pour vous qui achetez votre carte en France, les voyages sont gratuits sur les principaux réseaux ferroviaires de dix-neuf pays européens et sur celui du Maroc : ils sont à moitié prix en France sur les lignes de la S.N.C.F.

En plus, des réductions sont accordées par d'autres transporteurs sur certains de leurs services terrestres ou maritimes.
Et, pendant vos voyages, vous entrez sans payer dans la plupart des musées ferroviaires européens avec votre carte Inter-Rail.

Où obtenir la carte Inter-rail?

Les gares SNCF et les agences de voyage vous remettront un formulaire à remplir. La délivrance de la carte peut être immédiate ou demander un délai (jusqu'à cinq jours). La présentation du passeport ou de la carte nationale d'identité est obligatoire.

B Matching exercise

1 un aller simple
2 gratuit
3 un coffret-repas
4 un aller et retour
5 un compartiment non-fumeur
6 un billet de deuxième
7 plein tarif
8 une place réservée
9 une réduction de 50 pour cent
10 une voiture-restaurant

A a tray meal
B a second class ticket
C full price
D a reserved seat
E 50% reduction
F free
G a single ticket
H a restaurant car
I a non-smoking compartment
J a return ticket

Vocabulaire

à l'étranger	abroad
l'abonnement	season-ticket
l'achat (m)	purchase, buying
l'agence de voyages (f)	travel agency
bénéficier de	to benefit from
le demi-tarif	half fare
le déplacement	journey
le dépliant	folder
l'ensemble (m)	whole
ferroviaire	railway (adj)
gratuit	free
kilométrage illimité	unlimited mileage
munir (de)	to provide (with)
la plupart de	most
le réseau	network
terrestre	land (adj)
le transporteur	carrier, transport company
valable	valid
la validité	validity

C

Listen to Passage 2, consisting of 5 SNCF announcements, each of which gives some information about the TGV. Then answer the questions in English. You may need to listen to each announcement several times.

1 (a) What is the number of the train?
(b) How many stops will it make before reaching Chambéry?
(c) Which coaches are going to Chambéry?
(d) Which services are provided on the train?

2 (a) What is the number of this TGV?
(b) Is the train first class only?
(c) At what time is it due to leave?
(d) What is its destination?
(e) Where can one buy drinks on the train?

3 (a) Two TGV trains are linked here. What are the numbers of them?
(b) At what time will this train leave?
(c) What is the destination of
(i) the front coaches?
(ii) the rear coaches?
(d) Is the train entirely second class?
(e) Where does the train divide in order to cover two routes?

4 (a) Is this train about to arrive or leave?
(b) Why is the announcer apologising here?
(c) What does the announcer ask the public not to do?
(d) What are passengers asked to do?

5 (a) What are passengers being told about the TGV here?
(b) What are they warned about as they board the train?

Au Syndicat d'Initiative

A — Role-play

Listen to Dialogue 6. Now, working in pairs, take turns to act the parts of the tourist and the employee of the Syndicat.

Le/la touriste — *Say that you are spending a holiday in the area and want to get to know the town and its surroundings.*

L'employé(e) — Alors il vous faut un plan de la ville et une carte de la région.

Le/la touriste — *Ask if they have any brochures.*

L'employé(e) — Bien sûr. Et voilà aussi une liste des monuments que vous pouvez visiter.

Le/la touriste — *Thank the assistant and say that you would like to return to Dinard by bus; ask if there is a timetable.*

L'employé(e) — Mais oui, Madame/Monsieur, en voici un. C'est très simple: il y a une navette toutes les demi-heures.

Le/la touriste — *Express your appreciation.*

L'employé(e) — Je vous en prie. Au revoir, et bon séjour!

B

1 Act out a similar situation, asking different questions. Ask whether there are any lakes in the area where one can swim; how far away they are; what road to take; ask whether there is a wood or forest where one could have a picnic; ask whether there are any interesting monuments or old castles to visit.

2 Write your own script and act it out with a partner.

3 Learn your script and re-enact the dialogue, as if you were actually at the Syndicat d'Initiative.

Au Bureau de Change

A — Role-play

Listen to Dialogue 7. Now, working in pairs, take turns to act the parts of the tourist and the bank employee.

Le touriste — *Say that you would like to change some money.*

L'employé Vous avez des billets de banque ou des chèques de voyage?

Le touriste *Say that you have £30 cash—banknotes—and that you would like to change them into French francs.*

L'employé Bon, un instant Monsieur/Madame, je vous prie . . . Voilà, je vous rends l'équivalent en argent français.

Le touriste *Ask what the rate of exchange is.*

L'employé Aujourd'hui, Monsieur/Madame, c'est 11fr. 90.

Le touriste *Say thank you.*

Le voyage

Isabelle has written to her friend Catherine, describing the journey:

Camping "Val d'Azur"
La Ciotat, 13600

le 25 juillet

Ma chère Catherine,

Vite un petit mot pour te dire que nous sommes bien arrivés. Le voyage était un peu long, mais tout s'est bien passé. Nous avons pris le ferry à Douvres et une heure plus tard nous débarquions à Calais. Nous nous sommes arrêtés au bord de la route près d'un bois pour manger notre pique-nique. Nous avons passé la nuit dans un petit hôtel à Barbizon, au sud de Paris. Nous avons trouvé un restaurant où nous avons mangé un repas délicieux. Le lendemain matin, nous sommes repartis de très bonne heure, car nous avions encore un long voyage à faire. Nous avons pris l'autoroute du Soleil: il y avait beaucoup de circulation, mais on a vraiment pu rouler vite. Heureusement, la voiture a très bien marché et nous sommes finalement arrivés à La Ciotat. C'est un camping formidable, à 300 mètres de la mer.

Je pars me baigner, mais je t'écrirai de nouveau bientôt.

Grosses bises

Isabelle

Vocabulaire

au bord de la route	by the side of the road
au sud de	south of
se baigner	to bathe
le bois	wood
la circulation	traffic
décrire	to describe
encore	still
formidable	fantastic
grosses bises	love and kisses
le lendemain	next day
marcher	to work (car)
le mot	word, line (idiom)
se passer	to happen, go off
prochain	next
repartir	to set off again
rouler	to drive along
vraiment	really

A

Read the letter on page 18 and answer the questions in English:

1 Where is Isabelle writing from?
2 Which route did the family take?
3 How long did the crossing take?
4 Where did they stop for lunch?
5 Where did they eat their evening meal?
6 Where did they spend the night?
7 Why did they leave early next morning?
8 What is the advantage of the motorway?
9 How far is the camp site from the sea?
10 Why does Isabelle interrupt her letter?

B

Maintenant répondez en français:

1 A qui est-ce qu'Isabelle écrit?
2 Où se trouve-t-elle?
3 Où est-ce qu'Isabelle et sa famille ont passé la nuit?
4 A quelle heure sont-ils repartis le lendemain?
5 Est-ce que le camping est loin de la mer?

2 Le camping

L'arrivée

Vocabulaire

les affaires	belongings
allumer	to light
au bord de	on the edge, bank of
au contraire	on the contrary
avoir bon appétit	to have a good appetite
le bloc sanitaire	washing and toilet facilities
le carnet	book, notebook
le concours	competition
la douche	shower
dresser la tente	to put up the tent
l'emplacement (m)	site
enlever	to remove
faire la cuisine	to cook
gagner	to win
s'installer	to settle down, make oneself at home
le pliant	folding camping stool
ranger	to put away
le réchaud	camping stove
tout près	quite near

Listen to Isabelle's description of their arrival at the camp-site (Passage 1) and then answer the questions in A, B, C, and D in French.

A

1 Dans quelle région les Brown sont-ils arrivés?
2 Quel temps faisait-il?
3 Où se sont-ils arrêtés?
4 Qui est allé au bureau?
5 Qu'est-ce qu'il a laissé au bureau?

B

1 Où se trouvait l'emplacement?
2 Qu'est-ce qu'ils ont fait d'abord?
3 Est-ce que les douches étaient froides?
4 Où se trouvaient les douches?
5 Qu'est-ce qu'ils ont fait après avoir dressé la tente?

C

1 Qu'est-ce qu'ils ont préparé?
2 Qu'a fait Papa?
3 Est-ce que c'est Papa qui a fait la cuisine?
4 Est-ce que tout le monde avait bon appétit?
5 Est-ce qu'ils se sont assis par terre?

D

1 A quoi ont-ils joué?
2 Ont-ils joué avant ou après le repas?
3 Où se trouvait le terrain de boules?
4 Est-ce que Papa a mal joué?
5 Qui a gagné?

Un emplacement à l'ombre

A **Role-play**

Listen to Dialogue 1. Now, working in pairs, take turns to act the parts of the tourist and the lady.

Le touriste	*Say that you would like to book a camp-site*
La dame	Pour combien de personnes?
Le touriste	*Say that it is for four people.*
La dame	Vous avez une tente ou une caravane?
Le touriste	*Explain that you only have a tent.*
La dame	Vous préférez un emplacement au soleil ou à l'ombre?
Le touriste	*Say that you prefer to be in the shade.*
La dame	Vous avez trouvé un endroit qui vous plaît?
Le touriste	*Say that you prefer to be by the stream.*
La dame	Vous avez votre carnet de camping?
Le touriste	*Present your camping-card and thank the lady.*

B

Turn back to page 21 and study the vocabulary. How would you express the following in French?

1 Here is my camping carnet.
2 We would like a site in the shade.
3 Where can we put the tent?
4 I'm going to take a shower.
5 I am hungry.
6 Who is going to do the cooking?
7 Will you light the stove?
8 There is a bowling competition.
9 My father always wins.
10 My things are still in the boot.

C

1 Act out a similar situation: book a camp-site for 6 people with a caravan, near the river, and ask where the facilities are.

2 Write your own script and act it out with a partner.

Les jours passent vite!

Read Catherine's second letter to her friend and answer the questions in A and B.

A

Answer in English:

1 How long have the family been at the camp-site?
2 Why do the days go by so fast?
3 Where is their camp-site?
4 What does Isabelle do in the morning, before going off to the beach?
5 What do they enjoy in the evening, before dinner?
6 Where does Isabelle particularly like to go for dinner?
7 What did she think of the film they saw at the local cinema?
8 What did they do a few days ago?
9 What new sport is Isabelle dying to try?
10 What does she add in the P.S.?

B

Maintenant répondez en français:

1 Depuis combien de temps est-ce qu'Isabelle est au camping?
2 Pourquoi est-ce qu'elle achète des provisions le matin?
3 Que font les Brown avant le dîner?
4 Qu'est-ce qu'on peut faire au centre nautique?
5 Est-ce qu'Isabelle a déjà fait de la planche à voile?

Camping "Val d'Azur"
La Ciotat, 13600

le 1er août

Ma chère Catherine,

Voici bientôt une semaine que nous sommes ici. Comme les jours passent vite! Il y a des tas de choses à faire. Notre emplacement est sur une terrasse, sous les pins. De la tente, on voit la mer. C'est super!

Le matin, je vais au magasin d'alimentation et j'achète les provisions. Nous emportons d'habitude un pique-nique que nous mangeons sur la plage. Le soir, après avoir pris une délicieuse douche, nous dînons dans un des petits restaurants. Moi, j'aime bien aller près du vieux port. Hier soir, nous sommes allés au cinéma. Malheureusement, le film n'était pas formidable. Il y a quelques jours nous sommes allés au centre nautique où nous avons fait de la voile. Nous espérons y retourner pour faire de la planche à voile: je meurs d'envie d'en faire et Christophe est déjà presque un champion!

J'espère recevoir bientôt une lettre de toi.
En attendant, je t'embrasse

Isabelle

P.S. Dis bien des choses à tes parents.

La Ciotat

A

Look at the extracts from the camping-guide and answer the following questions in English:

1. When is 'Les Oliviers' camp-site open?
2. How much does it cost to have a shower at the 'St Jean' site?
3. How many of the sites have a shop?
4. What kind of ground would you be camping on at 'Val d'Azur'?
5. Which camp-site has a library?

B

Répondez en français:

1. Combien de campings y a-t-il à La Ciotat?
2. Quel camping est au bord de l'eau?
3. Combien coûte un emplacement au 'Val d'Azur'?
4. Où peut-on demander des renseignements à La Ciotat?
5. Où se trouve le camping 'Le Soleil'?

La CIOTAT **13600** B.-du-R. 20 – 84 ⑭ **G. Côte d'Azur** – 32 733 h. – ♠ – 91.
Office de Tourisme et T.C.F. Vieux Port ☎ 08.61.32. – A.C. quai Gén.-de-Gaulle ☎ 08.53.73.

Val d'Azur, NE : 3 km, chemin du Baguier, à 300 m de la mer ☎ 08.52.97
3 ha (550 c) en terrasses, pierreux – glace
Avril-sept. – Pas de réservation – Pers. 3 douches chaudes comprises – Empl. 3,40.

Les Oliviers ⩽, E : 5 km ☎ 08.49.71
2,5 ha (600 c) plat, incliné et en terrasses, pierreux, herbeux – glace – – Location de bungalows
Pâques-sept. – Pas de réservation – Pers. 2,40 – Empl. 2,40.

St-Jean ⩽, NE : 2 km, av. de St-Jean, bord de mer ☎ 08.47.35
0,9 ha (280 c) plat, herbeux, pierreux – glace – Location de chambres
27 mars-15 oct. – Pas de réservation – Pers. 3,70 douches chaudes comprises – Empl. 4,50.

Le Soleil, NO : 2 km sur N 559 rte de Marseille ☎ 08.53.11
0,4 ha (120 c) plat, herbeux, pierreux – – Location de bungalows
Pas de réservation – Pers. 2,40 – Véh. 0,60/1,20 – Empl. 1,20.

La Bastide Rose, NE : 5 km, chemin du Baguier ☎ 08.57.31
1 ha (200 c) en terrasses, herbeux, pierreux – glace
25 juin-10 sept. – Pers. 2,40 – Véh. 1,20 – Empl. 1,20 ou 2,20.

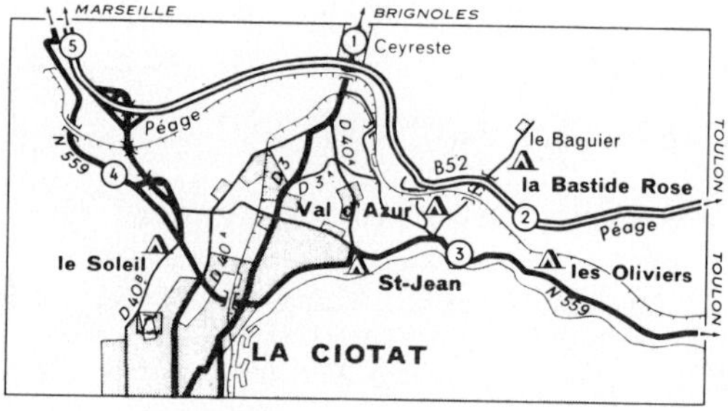

▶ Ravitaillement et commodités

- • Magasin d'alimentation
- Bar ou buvette
- • Restaurant
- • Snack-bar
- • Plats cuisinés à emporter
- Dépôt de butane
- glace • Dépôt de glace à rafraîchir
- Machines à laver, laverie

▶ Distractions

- Salle de jeux
- Bibliothèque
- Télévision
- • Cinéma
- Jeux sportifs
- Tennis
- Golf miniature
- Jeux pour enfants
- • Bassin pour enfants
- • Piscine : de plein air, couverte
- Bains autorisés ou baignade surveillée
- Canotage
- • Voile *(école ou centre nautique)*
- Pêche
- • Promenades à cheval, équitation

Les bains, le canotage ou la pêche ne sont pas mentionnés pour les camps situés en bord de mer, ces activités pouvant presque toujours y être pratiquées.

C Matching exercise

1 take-away food
2 launderette
3 washing-machine
4 open air
5 hot showers included
6 camping-gas
7 water-sports centre
8 horse-riding
9 room reservations
10 paddling-pool
11 supervised swimming
12 canoeing

A bassin pour enfants
B canotage
C centre nautique
D laverie
E location de chambres
F baignade surveillée
G plein air
H plats cuisinés à emporter
I douches chaudes comprises
J machine à laver
K équitation
L gaz butane

D

Answer in French the following questions about the camp facilities, using the information at the bottom of page 24.

1 Où est-ce qu'on achète les provisions?
2 Où est-ce qu'on peut boire quelque chose?
3 Où est-ce qu'on lave le linge?
4 Où est-ce qu'on joue?
5 Où est-ce qu'on trouve des livres à lire?
6 Où est-ce qu'on peut nager?
7 Où est-ce qu'on peut voir un film?
8 Où est-ce qu'on va chercher des glaçons?
9 Où est-ce qu'on fait de la voile?
10 Où est-ce qu'on va chercher le gaz?

Incident en mer

Vocabulaire

à bord	on board
à travers	across
s'accrocher à	to cling to
attacher	to tie
attirer	to attract
au large	out at sea
la baie	bay
brusquement	suddenly
comme	as
le copain	friend
dingue de	crazy about
se diriger vers	to make for, go towards
l'équipage (m)	crew
fort	strong, strongly
loin	far
louer	to hire
se noyer	to drown
la planche à voile	windsurf board
recueillir	to pick up
relever	to lift up again
remonter	to climb again
souffler	to blow
la vague	wave

Listen to the story (Passage 2) and answer the questions in A and B.

A

Answer in English:

1 What did Christopher like to do in the holidays?
2 Did he buy a surf board?
3 Why did he go further than the others?
4 What happened suddenly?
5 Why was he lucky?

B

Répondez en français:

1 Où était Christophe?
2 Qu'est-ce qu'il a décidé de faire?
3 Où a-t-il loué une planche?
4 Où est-il parti?
5 Est-il resté avec ses copains?
6 Quel temps faisait-il au large?
7 Qu'est-ce qui est arrivé tout à coup?
8 Est-ce qu'il s'est noyé?
9 Qui l'a pris à bord?
10 Qu'est-ce qu'on a fait de la planche à voile?

Read Isabelle's third letter to her friend and answer the questions in C and D.

C

Answer in English:

1 What did Catherine say in the letter she sent to Isabelle?
2 What did Christopher do the other day?
3 What was the weather like?
4 What happened when Christopher got out to sea?
5 Why were the people on the beach rather worried?
6 What did the crew of the passing yacht manage to do?
7 What happened to his surfboard?
8 What kind of reception did Christopher get when he landed on the beach?
9 How did the family spend the evening?
10 What made the evening even more enjoyable for Isabelle?

D

Répondez en français:

1 Où est-ce que Catherine passe ses vacances?
2 Qu'est-ce qui s'est passé l'autre jour à La Ciotat?
3 Où était Christophe quand il est tombé de sa planche à voile?
4 Pourquoi a-t-il eu de la chance?
5 Qu'est-ce qu'il a dû promettre?

Camping "Val d'Azur"
La Ciotat, 13 600

le 9 août

Ma chère Catherine,

J'ai enfin reçu ta lettre. Quelle chance tu as de partir pour les îles Grecques !

Je dois dire qu'ici nous continuons à passer des vacances sensationnelles. Mais nous avons eu un petit drame l'autre jour : tu sais que Christophe est dingue de la planche à voile - eh bien, figure-toi qu'il a loué une planche et qu'il est parti à travers la baie. Il y avait beaucoup de vent ce jour-là et quand il est arrivé au large, brusquement il est tombé. Nous étions sur la plage et nous commencions à être un peu inquiets, car il n'arrivait pas à remonter sur sa planche. Heureusement, un yatch qui passait tout près est venu à son secours. Les membres de l'équipage l'ont pris à bord et ils ont attaché sa planche à voile au bateau. Quand il est arrivé sur la plage, tu peux t'imaginer que Papa et Maman étaient plutôt furieux. Mais tout est bien qui finit bien : Christophe a promis de faire plus attention la prochaine fois, et nous avons passé la soirée dans mon restaurant préféré, près du vieux port. Il faisait un clair de lune extra-ordinaire.

Je ne me réjouis pas du tout de rentrer, mais je serai contente de te revoir.

A bientôt donc,

Grosses bises,

Isabelle

3 Au collège

La rentrée

Après les merveilleuses vacances passées à La Ciotat, Isabelle a regagné son domicile et retrouvé sa famille. Deux semaines plus tard, hélas, c'était la rentrée des classes. Isabelle n'est pas ravie à l'idée de reprendre les cours, mais elle se réjouit de revoir ses camarades.

Listen to Isabelle's description of aspects of her school (Passages 1 to 4) and answer the questions on each.

A **Au collège** (Passage 1)

Answer in English:

1. How old are the youngest pupils?
2. What form is Isabelle in?
3. What does her Form Teacher teach?
4. How long do the lessons last?
5. What time do the lessons begin in the afternoon?

Répondez en français:

6. Combien d'élèves y a-t-il au Collège?
7. Quel âge ont les élèves de sixième?
8. Qui est Monsieur Marigny?
9. Combien y a-t-il de cours le matin?
10. Comment est-ce qu'Isabelle rentre chez elle?

Vocabulaire

attraper . . . . to catch
le car de ramassage
scolaire . . . . school bus
les cours. . . . . classes
le domicile. . . . . place of residence
durer . . . . to last
environ . . . . approximately
merveilleux. . . . . marvellous
le prof principal. . . . . class teacher
regagner . . . . to get back to
reprendre . . . . to start again
retrouver . . . . to meet up with
revoir. to see again
la rentrée . . . . beginning of term
se réjouir de . . . . to be delighted to
sauf . . . . except

B La leçon de français (Passage 2)

Answer in English:

1 What does Madame Lambert teach?
2 What did the pupils have to learn for homework?
3 Why was Stéphanie in trouble?
4 Did she get half marks?
5 Who usually gets the best mark?

Répondez en français:

6 Qui est Madame Lambert?
7 Qu'est-ce que les élèves devaient apprendre par cœur?
8 Qu'est-ce que Stéphanie a dû faire?
9 Quelle note est-ce qu'elle a obtenue?
10 Qui a eu la meilleure note?

Vocabulaire

arriver à	to manage to
bafouiller	to stammer
être interrogé(e)	to be tested
la moyenne (10/20)	half marks
ne ... que	only
la note	mark
par coeur	by heart
pas du tout	not at all
la poésie	poetry
réciter	to recite
rudement	very (slang)
se rappeler	to remember

C

Working in pairs, ask each other questions about your school, using the following questions as a guide:

1 Combien d'élèves y a-t-il dans ton collège?
2 Combien de cours as-tu le matin?
3 A quelle heure commencent les cours l'après-midi?
4 Comment s'appelle le prof de maths/anglais/géo?
5 Comment est-ce que tu rentres chez toi après les cours?

D A la cantine (Passage 3)

Answer in English:

1 Who was at Isabelle's table?
2 What does Christine not like?
3 How did Isabelle upset her glass?
4 What happened next?
5 Who told Isabelle to wipe the table?

Répondez en français;

6 Qu'est-ce qu'il y a au menu aujourd'hui?
7 Qui a mangé les sardines de Christine?
8 De quoi parlaient Isabelle et ses copains?
9 Qu'est-ce qu'Isabelle a fait tout à coup?
10 Avec quoi est-ce qu'elle a essuyé la table?

Vocabulaire

aller chercher	to fetch
bien entendu	of course
boeuf Bourguignon	beef cooked in Burgundy wine
le copain	friend, mate
essuyer	to wipe
le fou rire	giggles
le geste	gesture
se renverser	to fall over
le surveillant	supervisor (generally a student, paid to do a duty)
en train de	in the process of
le torchon	cloth
en vitesse	quickly
le yaourt	yoghurt

E Au gymnase (Passage 4)

Answer in English:

1 What do they have twice a week?
2 How long do the girls spend in the Gym?
3 What happens half-way through the lesson?
4 What kind of test takes place in the playground?
5 How long do they have to run to get full marks?

Répondez en français:

6 Combien de fois par semaine est-ce qu'il y a cours de gymnastique?
7 Où est-ce que le cours a lieu?
8 Est-ce que les filles et les garçons ont cours ensemble?
9 Qu'est-ce qu'on fait dans le gymnase?
10 Qu'est-ce qu'il faut faire pour le parcours d'endurance?

Vocabulaire

avoir lieu.................. to take place
faire de la poutre .... to work on the beam
faire des roulades .... to roll head over heels
monter aux espaliers........... to climb the wall bars
obtenir .... to obtain, get
le parcours d'endurance .... endurance test
le tapis........................... mat
tenir le coup .... to stick it out

F

Working in pairs, ask each other about your school, using the following questions as a guide:

1 A quelle heure est-ce que tu déjeunes au collège?
2 Est-ce que tu manges à la cantine ou est-ce que tu apportes un pique-nique?
3 Combien de fois par semaine est-ce qu'il y a cours de gymnastique/histoire/français?
4 Dans quel local est-ce que le prof de sciences donne ses cours?
5 Quel est ton sport préféré?

A la cantine

Look at the canteen menu and then answer the questions in A and B.

A

Answer in English:

1 Can you give the French for
(a) roast beef?
(b) grated carrots?
2 What is served with tomato sauce?
3 On which day is fish on the menu?
4 What is the French for a leg of lamb?
5 Which vegetables are served on Friday?

B

Répondez en français:

1 Quel jour est-ce qu'on mange de la soupe?
2 Qu'est-ce qu'il y a comme dessert lundi et vendredi?
3 Qu'est-ce qu'on mange comme hors d'oeuvres mercredi?
4 Est-ce que tu préfères des frites ou des pommes croquettes?
5 Est-ce que tu préfères le boeuf ou le poulet?

C

Using the following phrases, talk about your own likes and dislikes:

Moi, j'aime
Moi, je préfère le/la/les . . .
Moi, j'adore
Moi, je n'aime pas beaucoup
Moi, je déteste le/la/les . . .
Moi, j'ai horreur du/de la/des . . .

MENU

Semaine du 30 mars au 3 avril 1987

Lundi	30	Soupe d'Asperges aux croûtons Boeuf rôti Pâtes sauce tomate Fruit
Mardi	31	Carottes rapées Gigot d'agneau Pommes noisettes Glace
Mercredi	1	Sardine beurre Boeuf bourguignon Riz blanc Compote de pommes
Jeudi	2	Crudité Poulet rôti Frites Yaourt
Vendredi	3	Salade de choux chinois Croquettes de poisson Haricots verts pommes croquettes Fruit

L'emploi du temps

Study the timetable and answer the questions in A and B.

A

1 How does this timetable differ from yours?
2 What time do lessons start and end?
3 How long is the lunch hour?
4 What clubs can this pupil belong to?
5 How many Maths/French/Latin/English lessons do they have per week?

B

True or False?

1 On a un cours de latin le mardi à 11 heures.
2 On a 5 cours de français par semaine.
3 Il y a 4 clubs entre midi et deux heures.
4 Nous avons 3 heures d'étude.
5 La gymnastique, c'est tous les 15 jours, le mardi entre 2 et 3.

C

Répondez en français:

1 Combien de cours avez-vous le matin?
2 Combien de temps dure chaque leçon?
3 Combien de cours de maths avez-vous par semaine?
4 Quand faites-vous du sport?
5 Où ont lieu les cours de science?
6 Dans quel local avez-vous cours de gymnastique?
7 Où peut-on emprunter un livre?
8 A quelle heure déjeunez-vous?
9 A quelle heure commencent les cours l'après-midi?
10 Faites-vous partie d'un club?

Emploi du Temps

Heures	Lundi	Mardi	Mercredi	Jeudi	Vendredi	Samedi
8h	Maths Salle 14	Etude	Technologie Salle 314	Anglais Salle 210	Latin Salle 210	Espagnol Salle 211
9h	Français Salle 14	Travail Manuel Salle 113	↓	Maths Salle 210	Français Salle 210	Etude
10h	Histoire Salle 104	Espagnol Salle 208	Français Salle 208	Sciences Naturelles S 303	Gym	Français Salle 211
11h	Géographie Salle 104	Anglais Salle 210	Latin Salle 208	Etude	↓	Anglais Salle 208
12h	Repas	Repas		Repas	Repas	
13h	Club Théâtre	Club chanson			Club chorale	
14h	Maths Salle 104	Gym		Etude Salle 16	Maths Salle 209	
15h	Français Salle 203	↓ tous les 15 jours		Espagnol Salle 208	Histoire Salle 104	
16h	Latin Salle 203			Dessin Salle 111	Latin Salle 210	

CARNET DE CORRESPONDANCE

ÉLÈVE

NOM PROTHON

PRÉNOMS Magali, Christine, Marie

DATE DE NAISSANCE 12.02.69

ADRESSE "Le Vermenon" Montboucher

26740 SAUZET TEL. 46.08.37

CLASSE 2° T1C NOMBRE D'ÉLÈVES DANS LA CLASSE 29

19 1/2 PENSIONNAIRE 10 EXTERNE

2

NOM PROTHON LE 18 Mars 84
PRÉNOM Magali ÉLÈVE DE 3°1
ARRIVÉ(E) A 8h25 HEURES AVEC 25 MINUTES DE RETARD
POUR LE MOTIF SUIVANT le car de ramassage n'est pas passé
~~PEUT ÊTRE ADMIS(E) EN CLASSE~~
DOIT ALLER EN ÉTUDE

2

NOM PROTHON
PRÉNOM Magali LE 28 Mai 85
A ÉTÉ ABSENT(E) DEPUIS LE 23 Mai ÉLÈVE DE 2° T1C
A 10 HEURES
POUR LE MOTIF SUIVANT Entorse de la cheville
IL-ELLE RENTRERA LE 28 Mai A 8 HEURES
Signature des Parents

6

NOM CHABANNE LE 3/2/85
PRÉNOM Frédérique ÉLÈVE DE 3°
A ÉTÉ ABSENT(E) DEPUIS LE 1 A 8 HEURES
POUR LE MOTIF SUIVANT elle c'est cassée sa jambe
IL-ELLE RENTRERA LE 18/2/85 A 8 HEURES
Signature des Parents

3

NOM PERROUD LE 8/7/85
PRÉNOM Géraldine ÉLÈVE DE 4° 5
A ÉTÉ ABSENT(E) DEPUIS LE 1 Juillet 85 A 12 HEURES
POUR LE MOTIF SUIVANT foulure du poignet
IL-ELLE RENTRERA LE 15/7/85 A 14 HEURES
Signature des Parents

4

NOM MICHEL LE 20/05/85
PRÉNOM Delphine ÉLÈVE DE 2nde D
ARRIVÉ(E) A 8h45 HEURES AVEC 15 MINUTES DE RETARD
POUR LE MOTIF SUIVANT le réveil n'a pas sonné.

3

NOM PALLANDRE
PRÉNOM MARTIN LE 1/4/85
ARRIVÉ(E) A 8h30 HEURES AVEC 30 MINUTES DE RETARD ÉLÈVE DE 5ème
POUR LE MOTIF SUIVANT crevaison sur l'autoroute.
PEUT ÊTRE ADMIS(E) EN CLASSE
DOIT ALLER EN ÉTUDE

7

NOM BERTUCCI LE 5/7/85
PRÉNOM patricia ÉLÈVE DE 2°
A ÉTÉ ABSENT(E) DEPUIS LE 30/6/85 A 8 HEURES
POUR LE MOTIF SUIVANT mal de dents

Carnet de correspondance

A

Listen to Dialogue 1 and answer the questions in English:

1 What is the girl's name?
2 How old is she?
3 Where does she live?
4 Which school does she go to?
5 Which class is she in?
6 Is she working for exams this year?
7 Which subjects does she prefer?
8 Where is the school?
9 How does she get to school?
10 Is she learning English at school?

B

Now complete Dialogue 2 by giving the same information about yourself in French, in reply to the questions.

C

Listen to Dialogue 3, then answer the following questions in English:

1 Has Jérôme any sisters or brothers?
2 Which class is he in at school?
3 How many are there in his class?
4 How many lessons does he have on Mondays?
5 And on Wednesdays?
6 How long do lessons last?
7 What are his favourite subjects?
8 What sport is available?
9 Does he belong to any clubs or societies?
10 How does he get to school?

D

Now complete Dialogue 4 by giving the same information about yourself in French, in reply to the questions.

E

In a French school lateness or absence must be noted in the '*Carnet de correspondance*'. Look at the information opposite and answer the following questions.

1 Why was Magali late in March 1984?
2 Why was she absent in May 1985?
3 How long was she away from school in May and when did she return?
4 Why was Fréderique absent and when did she expect to return?
5 What reason was given for Patricia's absence?
6 Why was Martin late?
7 What time should he have arrived?
8 What was Delphine's excuse for being late?
9 When did school start for Delphine usually?
10 What injury kept Geraldine at home?

F

1 Est-ce que tu as été absent cette année?
2 Pour quel motif?
3 A quelle heure es-tu arrivé a l'école ce matin?
4 As-tu été en retard?
5 Pourquoi est-ce que les élèves arrivent en retard quelquefois? Donnez 3 raisons.

Les activités périscolaires

A

Ask each other questions about your own interests:

1 Quel est ton passe-temps préféré?
2 Est-ce que tu appartiens à des clubs au collège?
3 Est-ce que tu préfères jouer aux cartes ou aux échecs?
4 Est-ce que tu aimes composer des programmes d'ordinateur ou est-ce que tu préfères jouer à des jeux vidéo?
5 Est-ce que tu joues d'un instrument et est-ce que tu fais partie d'un groupe?

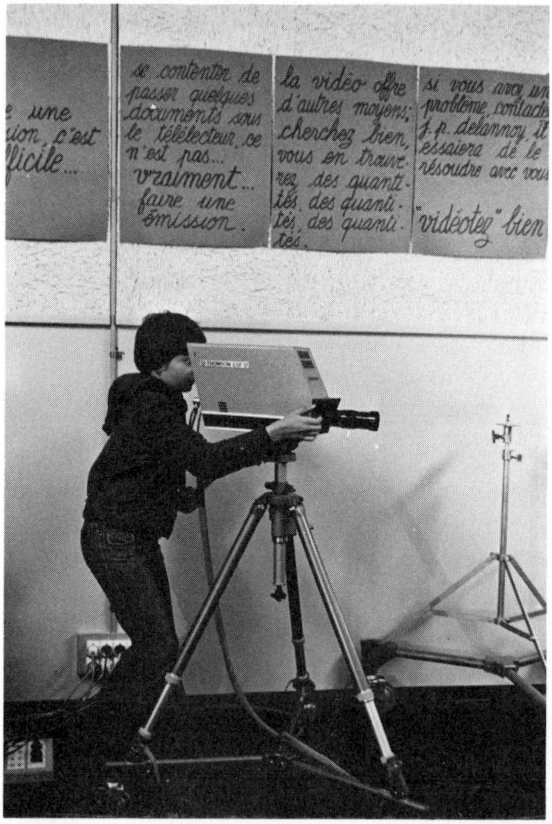

Le bulletin

Look carefully at Martine's report before answering the following questions.

A

Answer in English:

1 Which class is Martine in?
2 How many are there in the class?
3 Has she worked hard enough to go up into the next class?
4 Which language does she study as a second language?

5 In which two subjects does she work best?
6 In which subjects could she do better?
7 What does the report suggest about Martine's concentration in class sometimes?
8 Is Martine better at maths or biology?
9 In which subject does she make marked progress?
10 How does the headmaster sum up the report?

B

Répondez en français:

1 Est-ce que Martine travaille bien ou mal en biologie?
2 Est-ce qu'elle est plus ou moins forte en maths?
3 Quelle langue vivante est-ce qu'elle apprend?
4 En quelle matière a-t-elle fait des progrès?
5 En quelle classe est-ce qu'elle va être admise l'année prochaine?

NOM FAUVET
PRÉNOM MARTINE
DATE DE NAISSANCE
NATIONALITÉ française
CLASSE 44
NOMBRE D'ÉLÈVES DANS LA CLASSE 34
ADDRESSE DE LA FAMILLE OU DE LA PERSONNE RESPONSABLE DE L'ÉLÈVE 5 Bd Carnot
No DE TÉL
EXTERNE
~~DEMI-PENSIONNAIRE~~ (1)
OBSERVATIONS
RESPONSABILITÉ QUE L'ÉLÈVE ASSUME DANS L'ÉTABLISSEMENT
DISTINCTIONS
SANCTIONS DISCIPLINAIRES
(1) Rayer les mentions inutiles

LYCÉE CHARLES DE GAULLE — NOM: PRÉNOM: ANNÉE 19—19— 3 TRIMESTRE CLASSE

DISCIPLINES	NIVEAU	NOTES /20	PROPOSITION	OBSERVATIONS
PHILOSOPHIE M				
FRANÇAIS Mme CHATELARD	12	9-16 15-3		22°/34. Graves erreurs de méthode au dernier devoir. Vaut beaucoup mieux que cela. Active et fine
~~L.V.8. LATIN~~ ECONOMIE M LAURENT	10			Convenable
ANGLAIS M				
TRADUCTION M				
2ème LANGUE Allemand M	11			Des baisses encore ce trimestre. Martine doit travailler les bases. J'Attends mieux d'elle !
HISTOIRE M	14	17-15 abs-17	E	Des progrès généreuse malgré un fléchissement récent. Élève réfléchie et active
GEOGRAPHIE M				
MATHEMATIQUES M	12	11-12 7-12 13-18		Ce n'est pas mal du tout mais j'attends encore mieux.
PHYSIQUE M	14½	13-12 11-15	E	Bon travail trimestre très satisfaisant en très bonne voie
CHIMIE M				
BIOLOGIE M	16		F	Très Bien - Continuez
DESSIN M				
ED. MANUELLE M				
MUSIQUE M				
E.P.S. M	14		E	Bien dans l'ensemble

PROPOSITION DU CONSEIL DE CLASSE:
- ADMISE en 3°.
- ~~AUTORISÉ A REDOUBLER~~
- ~~NON AUTORISÉ A REDOUBLER~~

APPRECIATION GENERALE DU PROFESSEUR PRINCIPAL: Bon dans l'ensemble mais pourrait être meilleur.

LE PROVISEUR
LE LE CENSEUR

LYCÉE CHARLES DE GAULLE — NOM: PRÉNOM: ANNÉE 19—19— 2 TRIMESTRE CLASSE

DISCIPLINES	NIVEAU	NOTES /20	PROPOSITION	OBSERVATIONS
PHILOSOPHIE M				
FRANÇAIS M	14			c'est bien. Pourrait être très bien avec plus de concentration, c'est à dire moins de bavardage.
~~L.V.S. LATIN~~ ECONOMIE M	18	16.15.17. 18.14.18		Amélioration sensible des résultats
ANGLAIS M				
TRADUCTION M				
2ème LANGUE M				
HISTOIRE M				Quelque fois des idées personnelles bien exprimées, quand elle se décide à travailler !
GEOGRAPHIE M				
MATHEMATIQUES M	11	18-14 10-5 10-abs 8.5		Résultats un peu ternes ce trimestre.
PHYSIQUE M				
CHIMIE M				
BIOLOGIE M	14		B	Bien
DESSIN M				
ED. MANUELLE M	15	15.16.15		Travail satisfaisant. Encore trop de bavardage
MUSIQUE M	16	20-12		bien
E.P.S. M				

PROPOSITION DU CONSEIL DE CLASSE: Assez bien — Peut mieux faire

APPRECIATION GENERALE DU PROFESSEUR PRINCIPAL: Bien, Tâchez d'être plus attentive en classe et ça sera mieux encore.

LE PROVISEUR
LE LE CENSEUR

4 Classes de neige

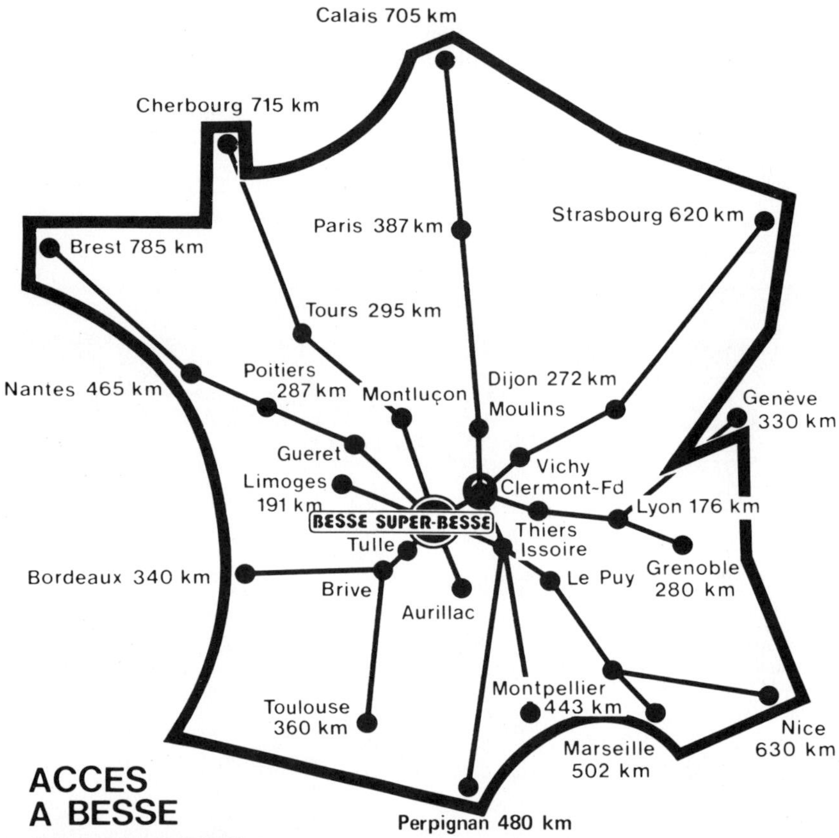

ACCES A BESSE SUPER BESSE

– PAR LA ROUTE:	depuis Clermont-Fd (50 km) ou Issoire (35 km) Nationale 9 puis D. 978, D. 149. depuis Tulle (120 km) ou Bort-les-Orgues (40 km) Nationale 89 puis D. 922, D. 47, D. 203, D. 978 ou D. 149.
– CHEMIN DE FER:	Gare de Clermont-Fd (50 km) puis services de cars réguliers (Auvergne Voyages et Cars Boyer).
– AIR:	Aéroport de Clermont-Fd – Aulnat à 55 km.

Avon en Coulisses

Ça y est, ils sont partis en classes de neige! Lundi matin, les 180 enfants des écoles sont montés dans les cars qui devaient les amener à la gare de Melun, d'où ils prenaient le train pour Clermont Ferrand, direction Super Besse. Ils resteront deux semaines au milieu des montagnes en compagnie de leurs professeurs. Nous en reparlerons lorsque, devenus champions de ski, ils reviendront dans notre ville avec, à coup sûr, des tas d'histoires à nous reconter.

Partons en classes de neige

L'hiver dernier, Lionel Raffard, 13 ans, qui habite Avon, près de Fontainebleau, est allé en classe de neige à Super Besse, dans le Massif Central. Les classes de neige, c'est le ski, mais c'est aussi le travail en classe. Comme ses camarades, il a fait un cahier de classe de neige. Dans le cahier, il y a un journal décrivant les activités de la journée, des dessins, des photos, des documents et les travaux accomplis pendant les cours.

Listen to Lionel's description of his *classes de neige* (Passage 1) before answering the questions in A and B.

A Le départ approche

Answer in English:

1 What does Lionel expect from the *classes de neige*?
2 What does he prepare in advance?
3 What must he do before he packs his clothes?
4 What sort of clothes must he have?
5 What will he need for skiing?

B

Répondez en français:

1 Qu'est-ce que Lionel espère faire le soir?
2 Qu'est-ce qu'il a commencé à préparer?
3 Pourquoi doit-il marquer ses habits?
4 Que va-t-il porter pour skier?
5 Que faut-il prévoir contre le soleil?

C Avon en Coulisses

Look at the newspaper cutting before answering the following questions.

Vrai ou faux?

1 Lundi matin, 190 enfants sont partis en classes de neige.
2 Les enfants sont montés dans le car.
3 Ils sont partis de Clermont-Ferrand.
4 Ils resteront deux semaines en montagne.
5 Ils sont partis avec leurs parents.

D

Study the map and answer the following in French.

1 Comment va-t-on de Clermont à Super-Besse par la route?
2 Combien de km y a-t-il?
3 Comment va-t-on à Super-Besse si on arrive à la gare SNCF?
4 Comment s'appelle l'aéroport de Clermont?
5 Combien de km y a-t-il de Paris à Clermont?

Vocabulaire

les affaires (f) de toilette .... wash-kit
la combinaison de ski......... salopette, ski-suit
contre......................... against
emporter.............. to take with you
espérer .... to hope
le gant......................... glove
les habits (m) .... clothes
l'imperméable (m)........... waterproof
les lunettes (f) .... glasses
penser à...................... to think
les préparatifs............. preparations
prévoir .... to anticipate, make provision for
la trousse................. sponge bag

A LA MONTAGNE L'HIVER...

Avant de partir

Renseignez-vous sur l'état des routes. Téléphonez à *Inter-Service-Routes*.

Vérifiez l'état de marche des batteries de votre véhicule, des phares et des balais d'essuie-glace, le dégivrage des vitres et détenez une raclette pour nettoyer le pare-brise.

Equipez votre voiture de pneus à clous ou munissez-vous de chaînes.

N'oubliez pas d'emporter l'équipement vestimentaire adapté.

Sur la route

Plus que jamais, respectez les règles du Code de la Route.

Sur chaussée glissante, roulez lentement et sans à coup. Maintenez une distance suffisante avec le véhicule qui vous précède.

Reposez-vous, surtout la nuit.

Ne conduisez pas avec des chaussures de ski.

A la station

Assurez-vous contre les risques encourus ou que vous faites encourir.

Connaissez et respectez la signalisation des pistes et les drapeaux indiquant les dangers d'avalanche.

E A la montagne l'hiver

Study the text and answer the questions:

1. What must you find out before setting out?
2. What must car owners check carefully?
3. What do they need to keep the windscreen clear?
4. What sort of tyres are needed?
5. What is the first rule on the road?
6. When must one drive slowly?
7. What is recommended at night?
8. What sort of footwear is unsuitable for driving?
9. What must you find out about the ski runs?
10. What warns the skier about the risk of avalanches?

Vocabulaire

le balai d'essuie-glace	windscreen wiper
la chaussée glissante	slippery road
les chaussures de ski	ski-boots
le dégivrage	de-icing
détenir	to be in possession of
le drapeau	flag
l'état	state
la marche	functioning
nettoyer	to clean
le phare	headlight
le pare-brise	windscreen
le pneu à clous	snow tyre
la raclette	scraper
se munir de	to arm oneself with
se reposer	to rest
la station	resort
la vitre	car window

F

Look again at the map on page 38. Working in pairs, ask each other questions about the distances between the towns, e.g. Paris and Calais, Lyon and Geneva.

Example: Strasbourg est à combien de kilomètres de Clermont-Ferrand? A 620 km.

Le chalet

Listen to the students' account of waking up in the chalet (Passage 2) and then answer the questions in A and B.

A Le réveil

Answer in English:

1 What do the children do sometimes before getting up?
2 What does the group leader tell them?
3 What do the children do when they get out of bed?
4 What precaution must they take against the sun and wind?
5 Why do they open the windows?

B

Répondez en français:

1 Qu'est-ce qu'on fait quelquefois avant de se lever?
2 Quelle heure est-il?
3 Qui vient gronder les enfants?
4 Pourquoi se mettent-ils de la crème sur le visage?
5 Que font-ils avant de descendre pour le petit déjeuner?

Vocabulaire

l'animatrice	group leader
à cause de	because of
aérer	to air, let in fresh air
discuter	to chat
gêner	to disturb
gronder	to scold
la salle d'eau	shower room

C Les repas

Listen to the students' description of the meals (Passage 3) and then answer the questions.

1 How does one know that it is breakfast-time?
2 On which day is breakfast particularly good and why?
3 What choice of drinks is there?
4 What do the children do before leaving the dining-hall?
5 What do they have to do when they get back to the dormitories?
6 What do they have for lunch?
7 What kind of cheese are they given at tea-time?
8 What happens if you are late coming in to tea?
9 What are the pupils' comments about the meals?
10 What criticism do they express?

Vocabulaire

la brioche	sweet bread-roll
chacun	each person
la cloche	bell
débarrasser	to clear away
le dortoir	dormitory
faire signe	to make a sign
le plat de résistance	main course
le réfectoire	dining-hall
retentir	to sound
le rez de chaussée	ground floor
se ranger	to line up
la tartine	slice of bread with jam

3ème étage: 3 chambres, 1 bloc sanitaire

2ème étage: 5 chambres, 2 blocs sanitaires

1er étage: 9 chambres, 2 blocs sanitaires

Rez de chaussée: salle à manger et salon de TV/ salle d'activité

deux salles de classe et grande terrasse vitrée (préau)

cuisine et bureau

Sous sol: deux salles de classe et une salle de ping-pong

atelier ski, cordonnerie, lingerie et séchoir

labo photo et toilettes

D Matching exercise

1 le rez de chaussée	A basement
2 la douche	B drying-room
3 la terrasse vitrée	C photographic room
4 le séchoir	D washing facilities
5 l'atelier	E cobbler
6 la cordonnerie	F office
7 le sous-sol	G glass-fronted terrace
8 le bloc sanitaire	H shower
9 le bureau	I ground floor
10 le labo photo	J workshop

E Description of the chalet

Listen to the description of the chalet on the cassette (Passage 4) and look at the key to the photograph.

1 Working in pairs, make up 10 questions about the chalet.
2 In your own words, make up at least 5 sentences describing the chalet.

La classe

Listen to the account of the classes (Passage 5) and answer the questions in A and B.

A

Answer in English:

1 What type of studies are described here?
2 What are the main areas of study?
3 What lessons do the children also have?
4 What do they do several times a day?
5 What will they do when they get back to normal school?

B

Répondez en français:

1 Qu'est-ce qu'on apprend sur la région?
2 Où est-ce qu'on note la température?
3 Qu'est-ce qu'on fera en rentrant à Avon?
4 Comment appelle-t-on l'étude du temps qu'il fait?
5 Comment le prof fait-il des copies des documents?

Vocabulaire

l'étude	study
étudier	to study
la météo	weather forecast
le milieu	environment
relever	to take down, note

La Météo

Study the newspaper weather information on this page and answer the questions in C, D and E.

C

How do you say:

1 showers 2 sunny 3 cloudy 4 storms 5 overcast 6 sunny periods 7 misty 8 black ice 9 fog 10 strong wind

D

Répondez en français:

1 Quelle est la date?
2 Que veut dire le Jour de l'An?
3 Quelle temps fait-il?
4 Quelle est la température minimale?
5 Quelles sont les prévisions pour mercredi et jeudi?

BONJOUR!

ON FÊTE

BAZILE ET GRÉGOIRE DE NAZARETH.

MARDI
1er
JANVIER
Jour de l'An
L. 7 h. 46
C. 16 h. 3
le 7

DICTON

Jour de l'an beau,
Mois d'août chaud.

BOUTADE

Il y a des gens qui spéculent sur l'éternité, montre en main.

Jules Renard.

MÉTÉO

Couvert et brumeux.

Sources : Météorologie nationale.

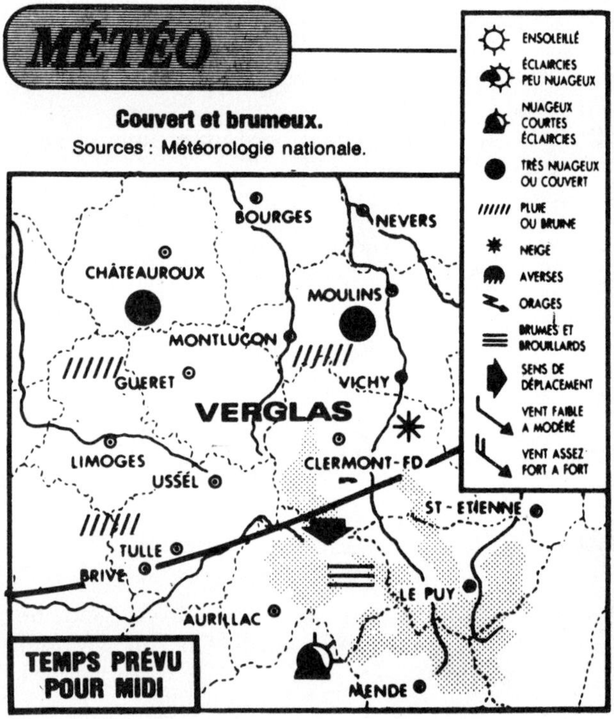

SITUATION GÉNÉRALE

Une faible perturbation va traverser la région aujourd'hui du nord au sud. A l'arrière, établissement d'un courant de nord frais et instable propice aux giboulées.

PRÉVISIONS POUR LA RÉGION

Aujourd'hui mardi : une zone de temps couvert et brumeux, donnant de la pluie verglaçante ou quelques flocons de neige, se déplacera de l'Allier le matin au sud du Cantal l'après-midi. Elle sera suivie d'un temps nuageux avec quelques averses de neige.

Vent d'ouest puis nord-ouest modéré.

Températures minimales : – 8 à – 4 degrés ; maximales : – 2 à 2 degrés

Mercredi et jeudi : temps variable. Eclaircies et passages nuageux donnant des averses de neige.

Légère hausse des températures.

HIER SOUS ABRI

	Mini. nuit	16 h.		Mini. nuit	16 h.
Aurillac	– 12	– 2	Ajaccio	3	9
Brive	– 5	3	Biarritz	– 1	3
Clermont-Fd	– 9	1	Bordeaux	1	3
Guéret	– 1	4	Brest	10	11
Limoges	– 3	1	Lille	1	2
Montluçon	– 7	0	Lyon	– 3	0
Moulins	– 7	1	Marseille	0	4
Nevers	– 7	0	Nice	3	8
Le Puy	– 8	– 2	Paris	– 2	2
Tulle	– 2	3	Saint-Étienne	– 5	– 1
Ussel	– 9	– 3	Strasbourg	– 5	0
Vichy	– 8	1	Toulouse	– 6	3

E

Working in pairs ask your partner what the temperature was yesterday in the various towns, specifying whether it was taken at midnight or 4 p.m.

For example: Quelle température faisait-il hier à Clermont à 16h?

Un animal alpin: la marmotte

La marmotte est un animal alpin qui appartient à l'ordre des rongeurs. Elle vit surtout entre 1500 et 3000 m. Elle sort à la recherche de sa nourriture (des herbes aromatiques de préférence) le jour exclusivement. Au début de l'hiver, la marmotte tombe dans un état de repos particulier; elle s'endort dans un terrier profond. Elle vit alors sur ses réserves de graisse. Elle se réveille au printemps.

Carte d'identité de la marmotte

Ordre:	Rongeurs
Classe:	Mammifère
Taille:	53 à 70 cm
Poids:	5 à 7 kg
Habitat:	jusqu'à 3000m
Gestation:	34 jours
Nombre de petits:	2 à 4 de 300g

. . . et le ski

Listen to Lionel's description of his ski-class (Passage 6).

A Les cours de ski

Answer in English:

1 What did Lionel have to do, once he had put on his skis?
2 Why did the ski instructor stop?
3 Why did Paul fall over?
4 Where is the chalet?
5 What did the children do with their skis when they got back to the chalet?

Répondez en français:

6 Où est-ce que Lionel a fait du ski pour commencer?
7 Pourquoi est-il tombé?
8 Qu'est-ce qu'on doit faire avant de pouvoir descendre?
9 Est-ce que la descente vers le chalet est lente ou rapide?
10 Quel repas est-ce que les enfants vont prendre en rentrant?

Vocabulaire

apercevoir	to catch sight of
la bosse	bump
chausser	to put on (shoes, socks etc.)
doux	gentle, soft
s'élancer	to launch oneself
enlever	to remove
le fond	bottom
glisser	to slide
grimper	to climb
pousser	to push
prendre de l'élan	to gather speed
le ratelier	rack
se relever se remettre sur pied	to get up again

Sur la piste

Ne surestimez pas vos capacités physiques et techniques.
Entraînez-vous progressivement.

Attention au soleil, n'oubliez pas vos lunettes.

Attention à la fatigue en fin de journée.

Choisissez toujours une piste (ski, luge,...) de votre niveau :
vert : très facile,
bleu : facile,
rouge : difficile,
noir : très difficile.

Observez les règles de conduite du skieur. "Priorité" au skieur en aval.
Respectez les consignes d'usages de remontées mécaniques (télé-skis, télé-sièges) et apprenez-les à vos enfants.

Hors piste et en randonnée

Pratiquez le ski hors piste c'est risqué.
L'existence d'une trace n'est pas synonyme de sécurité. En tout cas ne partez jamais seul, de préférence skiez en compagnie d'une personne qualifiée.
En montagne, le temps change très vite. Tenez compte de la météo.
Prenez garde, tout spécialement, aux risques d'avalanche.
Prévenez quelqu'un de votre départ, et de l'heure de votre retour. Faites connaître votre itinéraire.
Munissez-vous de moyens d'alarme (lampes, sifflet, etc.).
En montagne, l'hiver, la nuit tombe vite : rentrez à temps.

S'il vous paraît qu'une personne est en difficulté ou en cas d'accident, alertez les services de secours locaux.

B Sur la piste

Study the text opposite and answer the following questions:

1 What must one not overestimate?
2 How must one train?
3 What sort of run must one choose?
4 Which colour indicates the most difficult runs?
5 Who has priority on the runs?
6 What is very dangerous?
7 What advice is given to skiers?
8 What should one consult before setting off?
9 What details should one give about one's plans?
10 Why are skiers advised to return promptly at the end of the day?

Vocabulaire

la conduite	behaviour
en aval	downhill
hors piste	outside the run
la luge	toboggan, sledge
le moyen	means, way
se munir de	to arm oneself with
le niveau	level
prévenir	to warn
la randonnée	excursion, on foot or on skis
la règle, la consigne	rule
la remontée mécanique	ski-lift
le sifflet	whistle
la trace	track
surestimer	to overestimate

ECOLE DE SKI DE SUPER-BESSE

ECOLE DU SKI FRANCAIS
Tél. (73) 79.61.75

Tout enseignement (Alpin ou Nordique) assuré par 50 moniteurs, monitrices ou jardinières des neiges.

- Cours collectifs.
- Leçons particulières.
- Groupes et engagements.
- Entrainements à la compétition.
- Jardin des neiges.
- Tests, étoiles, flèches, chamois, traces, lièvres, toutes les semaines.

-ATTENTION-
LES ELEVES NE SONT PAS ASSURES PAR L'E.S.F.
1 PHOTO D'IDENTITE EST OBLIGATOIRE SUR TOUS LES FORFAITS STATIONS REMONTEES OU E.S.F.

HORAIRES :

Horaires des cours collectifs :

NOEL : du vendredi 21 Décembre au samedi 5 Janvier : 9h.30 à 11h.30 - 14h.30 à 16h.30
JANVIER : du 7 Janvier au 9 Février : 9h.30 à 11h.30 - 15h. à 17h.
FÉVRIER : du 10Février au 2 Mars : 9h. - 11h. - 11h. - 13h. - 15h.30 à 17h.30
MARS : du 4 Mars au 23 Mars : 9h.30à 11h.30 - 15h.30 à 17h.30
PAQUES : du 25 Mars au 13 Avril : 9h.30 à 11h.30 - 14h.30 à 16h.30

Les leçons particulières sont prises en dehors des cours collectifs et le rendez-vous est situé au pied de l'école de ski.

STAGE A LA CARTE : 6 jours 4 heures par jour débutant ou compétition.

Pour tous renseignements, inscriptions, rassemblements, Ecole de Ski, tél. 79.61.75

TARIFS :

Cours collectifs(ski alpin ski de fond) 10 à 15 personnes selon niveau et période.

	Adultes	Enfants — 12 ans
1 Ticket pour un cours de 2 heures	37F.	28F.50
Forfait 6 jours consécutifs 2 h./jour	168F.	145F.00
Forfait 6 jours consécutifs 4 h./jour	277F.	222F.50
Forfait 3 jours consécutifs 4 h./jour	156F.50	132F.00

Engagements 6 personnes maximum

2 heures	216F.00
3 heures	289F.00

Tarifs groupes 7 à 15 personnes

2 heures	277F.00

Leçons particulières 1 heure.

1 ou 2 personnes	84F.00
3 ou 4 personnes	105F.00

LES TARIFS MENTIONNÉS LE SONT A TITRE INDICATIF ET NE SERONT PRATIQUÉS QUE SOUS RÉSERVE DE LA RÈGLEMENTATION ÉCONOMIQUE EN VIGUEUR.

RENSEIGNEMENTS :
ECOLE DE SKI FRANÇAIS DE SUPER-BESSE
Tél. (73) 79.61.75

LES ELEVES NE SONT PAS ASSURES PAR L'ECOLE DE SKI
PENSEZ A LA CARTE NEIGE

Ecole de ski

Look at the ski-school information and answer the questions in A and B.

A

Answer in English:

1 How many ski-instructors are there at the ski-school in Super-Besse?
2 What time is the group instruction during the Christmas period?
3 When are private lessons held?
4 How many people are there in a group?
5 How much does an adult pay for two hours' instruction per day for six days?
6 What is the rate for two hours for a group of 7–15 people?
7 How much does a private lesson cost for one hour for one or two people?
8 Where can skis be hired?

B

Répondez en français:

1 Où est-ce qu'on peut apprendre à faire du ski?
2 Qui enseigne le ski?
3 Quand est-ce qu'il y a des cours collectifs en janvier?
4 Où est le rendez-vous pour les leçons particulières?
5 Combien coûte un ticket pour un adulte pour un cours collectif (2 heures)?
6 Est-ce qu'il est avantageux d'acheter un billet pour 6 jours consécutifs?
7 Où peut-on louer des vêtements de ski?
8 Que peut-on faire à Super-Besse en été?
9 Où est-ce qu'on peut patiner?
10 Quel est le numéro de téléphone de l'école?

C

Listen to Passage 7 and explain in English what each person intends to do.

Les veillées

Listen to the two descriptions of the evening entertainments (Passages 8 and 9)

A (Passage 8)

Answer in English:

1 Where do the children spend the evenings?
2 Who is in charge of the activities?
3 What sort of entertainment is available?
4 What prizes can they win?
5 What do they think of these evenings?

B (Passage 9)

Répondez en français:

1 Quel jour aura lieu la super-soirée?
2 Que préparent les enfants?
3 Qui sera le présentateur?
4 Qui participera au spectacle?
5 Que faut-il confectionner?

Vocabulaire

l'ambiance (f)	atmosphere
l'auto-collant (m)	sticker
la boum	party, disco
l'écusson	shield
le lot	prize
la veillée	evening (spent in company)
aménager	arrange, transform
avoir lieu	to take place
le carton	cardboard
confectionner	to make
depuis	since
le maquillage	make-up

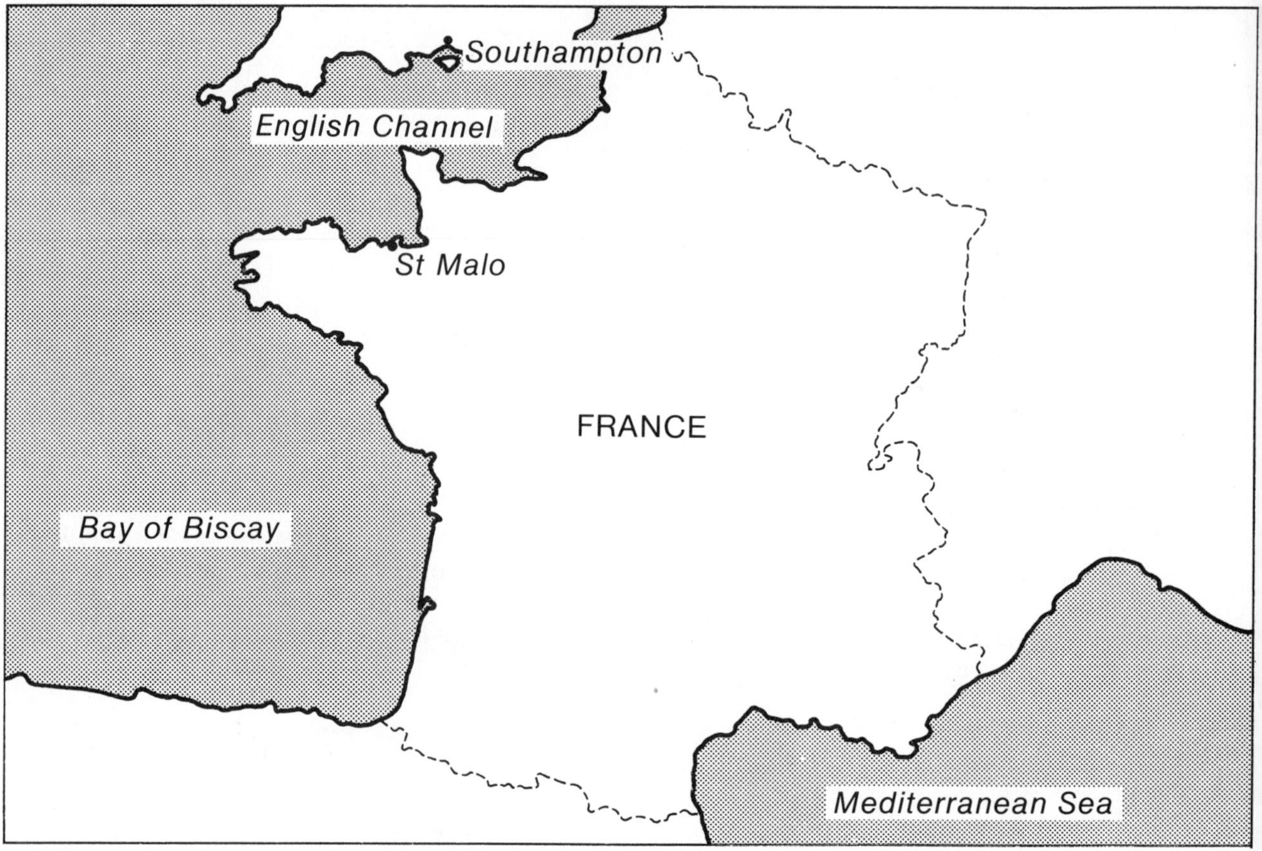
Southampton
English Channel
St Malo
FRANCE
Bay of Biscay
Mediterranean Sea

5 Séjour à St Malo

Le voyage scolaire

Listen to the French teacher's account of a class visit to France (Passage 1) and answer the questions in A, B, C and D.

A

Answer in English:

1 What was the date of departure?
2 Where did the school party land in France?
3 Was it a short crossing?
4 What did the pupils have to do before disembarking?
5 What was waiting for them on the quay-side?

Répondez en français:

6 Où est-ce que le groupe est allé prendre le ferry?
7 Vers quelle heure sont-ils arrivés à St Malo?
8 Est-ce que la traversée est rapide?
9 Qu'est-ce que les élèves ont dû faire avant de débarquer?
10 Combien de temps a duré le trajet en car?

B

Answer in English:

1 Where is the party staying?
2 What other people are staying there?
3 What facilities are there in the grounds?
4 How far away is the sea?
5 What did the party do after supper?

Répondez en français:

6 Qu'est-ce qu'un centre familial?
7 A qui s'applique le terme "troisième âge"?
8 Qui séjournait dans le centre familial?
9 Qu'est-ce qu'on peut faire dans le parc du Manoir?
10 Où est-ce que le groupe est allé après souper?

Vocabulaire

s'appliquer à	to apply to
avoir faim	to be hungry
bas (basse f)	low
le car	coach
le compte-rendu	account
le corsaire	pirate
le crabe	crab
le centre familial	family holiday centre
chahuter	to lark about
grimper	to climb
le manoir	manor
la marée	tide
le musée de cire	waxworks
les personnes du troisième âge	senior citizens
le pique-nique	picnic
la plage	beach
les remparts (m)	city walls
le rocher	rock
le sable	sand
séjourner	to stay
le terrain de jeux	sports' ground
le tennis	tennis court
la traversée	the crossing

C

Answer in English:

1 Was the tide high or low?
2 What did Robert find on the sand?
3 Where was the sleeping accommodation?
4 How many pupils were there in each group?
5 Did they have a peaceful night?

Répondez en français:

6 Qu'est-ce que les élèves ont fait sur la plage?
7 Où est-ce qu'ils étaient logés?
8 Combien en avait-il dans chaque groupe?
9 Que s'est-il passé quand les élèves se sont couchés?
10 Est-ce qu'ils ont bien dormi?

D

Answer in English:

1 What was the programme after breakfast?
2 What was St Malo famous for?
3 What is there to see in the town?
4 At what time did everyone feel ready for lunch?
5 Where did they eat it?

Répondez en français:

6 Qu'est-ce qu'on a fait après le petit déjeuner?
7 Comment est-ce qu'on surnomme St Malo?
8 Qu'est-ce qu'on peut visiter?
9 Pourquoi est-ce que les élèves avaient faim?
10 Où est-ce qu'on a mangé le pique-nique?

E

Now it is your turn to describe a visit to a French town, using the following questions as a guide:

1 Quelle ville de France est-ce que tu as visitée?
2 Est-ce que tu as voyagé avec tes parents ou avec un groupe?
3 Comment est-ce que tu as traversé la Manche?
4 Est-ce que tu es allé à l'hôtel ou au camping?
5 Qu'est-ce que tu as trouvé particulièrement intéressant ou agréable?

F

Look at the letter and answer the following questions in English:

1 When was this visit booked for?
2 How much was each pupil in the party to pay?
3 What was the cost for the party leaders?
4 What is being sent with the letter?
5 What important information will be given?

G

Look at the advertisement and answer in French:

1 Est-ce que le musée est ouvert toute l'année?
2 A quelle heure est-ce qu'il ferme le soir?
3 Combien de temps dure la visite du Musée?
4 Quel genre de musée est-ce?
5 Qu'est-ce qu'on peut y voir?

Galerie "Quic-en-Groigne"

PLACE CHATEAUBRIAND
35400 ST MALO

DIRECTION : PIERRE BRIOT
TEL. (99) 56.41.36

Saint-Malo,
le 1983

Madame, Monsieur,

En réponse à votre lettre, ou appel téléphonique du 28.02.83, je vous confirme que nous pouvons vous recevoir le Mardi 17 Juin avec votre groupe.

Notre tarif est de : 5 Frs par Enfants
Gratuit pour les accompagnateurs

Je vous joins un prospectus qui vous donnera les heures d'ouverture.

" Quic-en-Groigne "

Célèbre " **MUSÉE de CIRE** " de St-Malo

est OUVERT tous les JOURS
d'Avril à Septembre

de 9 h. à 12 h. et de 14 h. à 18 h. 30

Visites commentées 40 minutes environ

English Commentary
Deustch Kommentiert

Bien organisé, un séjour à **Saint-Malo** comprend la visite de

"Quic-en-Groigne"

remarquable et passionnante " **V**ision d'**H**istoire " de la **Cité Corsaire**

Conditions pour Groupes. Gratuité pour Accompagnateurs

AUTOCARISTES, dans votre temps d'arrêt découvrez **QUIC-en-GROIGNE** où vous êtes invités.

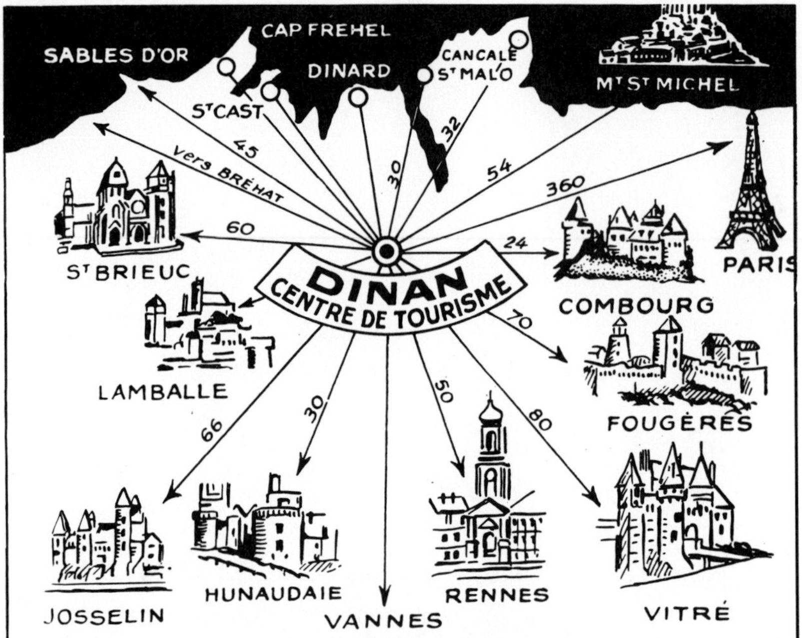

RENSEIGNEMENTS GÉNÉRAUX

DINAN : Sous-Préfecture des Côtes-du-Nord.

18.000 habitants environ. Altitude : 76 m, située sur la Rance, la plus belle rivière maritime.

Carrefour routier important, desservant la Côte d'Emeraude. Centre de grand tourisme.

6, rue de l'Horloge - Tél. : (96) 39.75.40

Dinan

A

Answer these questions in English:

1 How many kilometres is Dinan from St-Malo?
2 Where is Dinan situated?
3 Why is Dinan a good centre for tourists?
4 Which shop advertises gifts?
5 What else is sold there?
6 What can you eat at a crêperie?
7 Is the Crêperie d'Armor open all the week?
8 What is the population of Dinan?
9 What address would you write to for information about Dinan?
10 How else could you obtain information?

B

Répondez à ces questions en français:

1 Dinan est à combien de kilomètres de St-Malo?
2 Où est-elle située?
3 Où peut-on manger des crêpes?
4 Est-ce que la crêperie d'Armor est ouverte toute la semaine?
5 Qu'est-ce qu'on peut acheter au Grenier?

Crêperie **cadre rustique**
Salon de Thé Maison du XIVe siècle
" LE CONNETABLE "
Spécialités :
Composée Forestière - Ficelle Dinannaise - Variétés de Crêpes glacées et flambées
Dégustation d'huitres
R.MARGELY **1, rue de l'Apport**
22100 DINAN **Tél. : 39.06.74**

Dinan – Cap Fréhel

On Thursday, market day, they went by coach to Dinan and Cap Fréhel.

Listen to the account of market day at Dinan (Passage 2) and answer the questions in A, B, C and D.

A

Answer in English:

1 Where was the school party going the next day?
2 Where did the coach drop them?
3 In what part of the town did they find the stalls?
4 What was an unusual feature of the market?
5 How did they find their way around?

Répondez en français:

6 Est-ce qu'on s'est levé tard le lendemain?
7 Où est-ce que les élèves ont eu leur cours de français?
8 Pourquoi est-ce qu'ils allaient à Dinan?
9 Est-ce que Dinan est une ville moderne?
10 Qu'est-ce que les élèves ont acheté au marché?

B

Answer in English:

1 What kind of hat did Abid buy?
2 What was the fat lady demonstrating?
3 Was the gadget a success?
4 What did some people buy at the stationer's?
5 What did they eat before leaving the market?

Répondez en français:

6 Qu'est-ce qu'Abid s'est acheté?
7 Qu'est-ce que la dame expliquait?
8 Où est-ce qu'on a acheté les cartes postales?
9 Qu'est-ce qu'on peut aussi acheter à la papeterie?
10 Où est-ce qu'on peut manger une crêpe?

C

Answer in English:

1 What did they buy to supplement the picnic?
2 What problems did the coach-driver encounter?
3 What did the group-leader do in the end?
4 Why did everyone laugh?
5 How did they finally get out of Dinan?

Répondez en français:

6 Pourquoi est-ce que le prof a acheté des cerises?
7 Où est-ce que le car était garé?
8 Est-ce qu'on a pu sortir vite de Dinan?
9 Qu'est-ce que le prof a dû faire?
10 Qui a dégagé la route?

D

Answer in English:

1 Why is the beach at St Jacut particularly interesting?
2 Which teacher was in charge of activities there?
3 What did the pupils collect?
4 What happened in some chalets during the night?
5 What can one visit at Cap Fréhel?

Répondez en français:

6 Qu'est-ce qu'on peut voir à marée basse à St Jacut?
7 Pourquoi est-ce que c'est un paradis pour les biologistes?
8 Qu'est-ce qu'on a rapporté au Manoir?
9 Qu'est-ce que les crabes ont fait pendant la nuit?
10 Où est-ce que le groupe s'est arrêté sur le chemin de retour?

Vocabulaire

A

le canard .... duck
déposer .... to drop off
un étalage .... stall
le lapin .... rabbit
la place .... square
la Rance .... river Rance
vivant .... alive

B

encore .... still
en tous cas .... in any case
expliquer .... explain
réussir à .... succeed in
s'acheter qqch .... buy oneself something
se demander .... to wonder

C

après avoir .... after having
à travers .... through
la cerise .... cherry
complaisant .... obliging
dégager .... to clear
de nouveau .... again
garé .... parked
ramener .... to bring back (person)

D

le coquillage .... shell
grimper .... to climb
le mollusque .... mollusc
la moule .... mussel
le parc à huîtres .... oyster-bed
il paraît .... it seems
rapporter .... to bring back (thing)
récolter .... to gather, harvest

Aux magasins

Listen to Dialogue 1: **A la crêperie**

A

Now take the part of the customer yourself:

1 Say that you would like a pancake.
2 Say which flavour you would like.
3 Say what you would like to drink.

Listen to Dialogue 2: **Chez le marchand de fruits et légumes** (le fruitier)

B

Voici une liste de provisions à acheter:

2 kg de poires
3 kg d'abricots
5 kg de cerises noires
1 kg de pommes

Allez chez le fruitier, achetez les provisions qui sont sur cette liste, demandez le prix et payez.

Listen to Dialogue 3: **A la boulangerie**

C

Répondez en français:

1 Où va Paul?
2 Qu'est-ce qu'il achète?
3 Combien coûte une baguette?
4 Combien coûte un croissant?
5 Paul donne un billet de cinquante francs à la vendeuse; combien de monnaie reçoit-il?

D

How would you say:

1 I would like a baguette please.
2 I would like four croissants please.
3 How much is it?
4 Have you any change?
5 A 100 Fr. note.

Listen to Dialogue 4: **Au bureau de tabac**

E

Répondez en français:

1 Est-ce que Paul et Christophe sont seuls à St Malo?
2 Que font-ils en ville?
3 Qu'est-ce que Paul propose?
4 Que peut-on acheter dans un bureau de tabac?
5 Combien coûte un timbre pour l'Angleterre?

F

How would you say:

1 Let's buy some postcards.
2 I would like 6 stamps please.
3 How much is it for England?
4 How much is it for a letter?
5 I'm sorry, I haven't got any change.

G

Now, working in pairs, take it in turns to be the shopkeeper and the customer, and practise going to each of the shops in turn for different items.

Les urgences

One boy fell over on the beach during the school visit to Saint-Jacut. He had to go off to the outpatients' department at the local hospital. Listen to Dialogue 5 between Paul and the doctor and answer the questions in A and B.

Vocabulaire

le carnet de santé	health record card
la cheville	ankle
le docteur	doctor
la douleur	pain
enflé	swollen
grave	serious
la main	hand
la paume	palm of the hand
la piqûre	injection
la plaie	wound
la poignet	wrist
le point de suture	stitch
la radiographie	X-ray
se faire mal	to hurt oneself
se faire mal à la main	to hurt one's hand
les urgences	outpatients department

A

1 How did Paul hurt himself?
2 Where exactly did he hurt himself?
3 What injuries does the doctor treat?
4 How many stitches does he give Paul?
5 What does the doctor ask Paul?
6 Why is Paul unable to answer the question?
7 What injection does the doctor give Paul?
8 What does Paul have to do after that?
9 What does the doctor think about the injury?
10 Why is Paul grateful to the doctor?

B

Répondez en français:

1 Est-ce que Paul est tombé
(a) dans la rue?
(b) à la plage?
(c) au stade?

2 Est-ce qu'il s'est fait mal
(a) au pied?
(b) à la tête?
(c) à la main?

3 Est-ce qu'il avait
(a) le pied enflé?
(b) la cheville enflée?
(c) le poignet enflé?

4 Est-ce que la plaie était
(a) très grave?
(b) grave?
(c) peu grave?

5 Est-ce que le docteur a fait
(a) deux points de suture?
(b) dix points de suture?
(c) douze points de suture?

Jeux et distractions

Listen to the teacher's description of how the students spent their evenings (Passage 3) and answer the questions in A, B, C and D.

A

Answer in English:

1 What did the Director of the Centre show the group one evening?
2 Who played *boules* with members of the school party?
3 Why were these people at the Manoir?
4 Did they speak good English?
5 What did the pupils have to do?

Répondez en français:

6 Est-ce qu'on s'ennuyait le soir au Manoir?
7 Qu'est-ce que le Directeur a montré aux élèves un soir?
8 Avec qui est-ce qu'ils ont pu faire des parties de boules?
9 Pourquoi ces hommes d'affaires étaient-ils au Manoir?
10 Pourquoi est-ce que les élèves ont dû parler français?

B

Answer in English:

1 Who was Germain?
2 Where did the party sometimes go in the evenings?
3 What is a good way of walking round the town?
4 Why was it decided not to have drinks at the café?
5 What did the pupils find at the brasserie?

Répondez en français:

6 Comment s'appelait le chauffeur du car?
7 Qu'est-ce qu'on a pu faire grâce à lui?
8 Qu'est qu'on voit du haut des remparts?
9 Pourquoi est-ce que les élèves n'ont pas pris de consommations au café?
10 Qu'est-ce qu'ils ont pu faire à la brasserie?

C

Answer in English:

1 What film was being shown at the cinema?
2 Did the leader of the party like that kind of film?
3 What did the pupils discover about foreign films shown in France?
4 What is the advantage of seeing a film in French?
5 What did the teachers do?

Répondez en français:

6 Qu'est-ce que les élèves ont eu envie de faire un soir?
7 *Dracula*, c'est quel genre de film?
8 Est-ce qu'il était en français?
9 Est-ce que les profs sont allés au cinéma?
10 Qu'est-ce qu'un café-concert?

D

Answer in English:

1 What kind of power-station is there on the Rance estuary?
2 What are the three items pupils are not allowed to buy abroad?
3 What was the teachers' reaction when they discovered the misdeed?
4 What did they decide to do?
5 What did they want to prove?

Répondez en français:

6 Qu'est-ce qui fait marcher l'usine marémotrice?
7 Que produit-elle?
8 Qu'est-ce que les élèves avaient acheté?
9 Est-ce que c'est permis?
10 Qu'est-ce que les profs ont fait?
11 Est-ce qu'ils ont jeté le sac en plastique dans la mer?
12 Qu'est-ce qu'ils ont décidé de faire?
13 Est-ce qu'on s'est bien amusé?
14 Pourquoi a-t-il fallu se mettre à l'eau?
15 Qu'est-ce qui s'est passé plus tard dans les châlets?

Vocabulaire

A

avoir l'embarras du choix .... to be spoilt for choice
la diapositive (diapo).............. slide
un homme d'affaires ...... business man
se débrouiller .... to manage
s'ennuyer................. to be bored
des tas de.................. heaps of
utiliser .... use, make use of

B

le babyfoot............... table football
la brasserie......... a kind of pub, open at all times, to all ages
la consommation............. drink, ice, anything you order
entouré par .... surrounded by
faire le tour de .... to go round, do a circuit
le flipper .... the pin-ball machine
grâce à..................... thanks to
impressionnant .... impressive
la machine à sous ..... the fruit machine
plusieurs .... several
la terrasse ...... the part of a café which is out of doors

C

un avis .... opinion (notice)
avoir envie de............... to feel like
avoir horreur de................ to hate
doublé........................ dubbed
étranger .... foreign
une occasion.............. opportunity
presque....................... almost

D

au lieu de................... instead of
la boisson .... the drink
un couteau à cran d'arrêt................... flick knife
drôle .... funny
faire sauter.......... to let off, detonate
le festin .... feast
garder .... to keep
lancer....................... to throw
ouvertement.................. openly
le pétard .... banger
plutôt......................... rather
réussi .... successful
sauf .... except
le tabou .... taboo, forbidden
une usine marémotrice...... tidal power-station

Au Café des Corsaires

Paul, Christopher and some of their friends, who have been shopping in St Malo, have decided to go to a café. How will they ask for what they want? Listen to Passage 4 and then complete the following dialogue:

A

Garçon:	Messieurs-dames, qu'est-ce que vous prenez?
Paul:	
Garçon:	Et pour vous, Monsieur?
Christophe:	
Garçon:	Mademoiselle?
Olivia:	
Garçon:	Je regrette, mais nous n'avons plus de jus de fruits. Voulez-vous un Orangina?
Olivia:	Bon, d'accord.
Garçon:	Et vous, Monsieur, que désirez-vous?
Abid:	
Garçon:	Et pour vous, Mademoiselle?
Julia:	
Garçon:	Quel parfum?
Julia:	
Garçon:	Bon, alors: un coca, un diabolo-menthe, un Orangina, un panaché et une glace à la fraise.

B

Working in groups of 5 or 6, make up your own orders at the café. Act them out, taking turns to be the waiter.

Tarif des Consommations

Bière		5 f
Panachée		4,50 f
CocaCola		4,50 f
Eau Minérale		2,50 f
Orangina		3,50 f
Diabolo-menthe		3,50 f
Thé		3 f
Café (nature)		3 f
Café (crème)		4,50 f
Chocolat		4,50 f
Jus de fruits		4 f
Glaces: -	simple	2,50 f
	Double	3,50 f
Vanille	Moka	Pistache
Fraise	Chocolat	

Au supermarché

Avant le départ les enfants sont allés faire des achats. Ils ont regardé dans les vitrines, ils ont regardé les réclames et ils sont allés au supermarché.

A

Look at the advertisement and answer the questions:

1 What is being specially promoted here?
2 Which item is the cheapest?
3 How much does a camembert Président cost?
4 What are the 2 different ways of buying the cheeses?
5 How much is Babybel cheese per kilo?

B

Listen to Passage 5, consisting of 10 announcements at the supermarket. Say what is being advertised in each announcement and at what price.

libre service

Babybel Pièce 200 g (prix au kg : 33,75)	**6,75**
Chèvre Saint-Maure Pièce 200 g (prix au kg : 49,75)	**9,95**
Tartare Grand Modèle 70 % m.g. Pièce 150 g (prix au kg : 42,67)	**6,40**
Camembert Président 45 % m.g. Pièce 250 g (prix au kg : 26,00)	**6,50**
Coulommiers Châtelain 50 % m.g. Pièce 350 g (prix au kg : 25,57)	**8,95**
Saint-Moret 55 % m.g. Pièce 150 g (prix au kg : 38,33)	**5,75**
Camembert Ferme d'Antignac au lait cru 45 % m.g. Pièce 250 g (prix au kg : 35,80)	**8,95**
Beurre Président Plaquette 250 g (prix au kg : 26,00)	**6,50**

à la coupe

Roquefort Société Prix au kg	**59,80**
Brie de Meaux Prix au kg	**34,80**
St-Paulin 40 % m.g. Prix au kg	**18,80**
Comté à meule Prix au kg	**32,80**

Le magasin de sport

A

Look at the advertisement 'Au vieux campeur' and answer in English:

1 How many types of racket are available here?
2 What is done to help the player to choose one?
3 Why is there a variety of tennis balls?
4 What advantages do the accessories have?
5 How many types of tennis shoes can one choose from?

B

Look at the advertisements for tennis sweaters and shoes and answer in French:

1 Combien coûte le pull tennis?
2 De quelle couleur sont les pulls?
3 Faut-il laver le pull à la main?
4 Combien coûtent des trainings en 30?
5 De quoi sont-ils faits?

Answer in English:

6 What alternative colour combinations are offered for the tennis sweater?
7 Are there any washing instructions?
8 What sizes are offered in trainers?
9 How much do the smaller sizes cost?
10 What are the uppers and soles made of?

PULL TENNIS
Col V avec une large bande en opposition. Manches longues. Longueur 62 cm env. En acrylique 100 %, lavage machine 30°. Italie. Prix franco magasin.

T. de Poit. (cm)	88/92	96/100	104/108	112/116	**Prix**
Blanc/Marine	303.933	303.941	303.968	303.976	**99,00**
Rouge/Blanc	303.984	303.992	304.018	304.026	**99,00**

TRAINING
Dessus maille Nylon. Renforts avant, arrière et sous-œillet en suédine, haut de tige matelassé. Intérieur mousse. Semelle caoutchouc moulé cranté. Prix franco magasin.

Pointures	30	31	32	33	34	**Prix**
Gris argent	304.239	304.247	304.255	304.263	304.271	**59,00**
Roy ciel	304.417	304.425	304.433	304.441	304.468	**59,00**
Pointures	35	36	37	38	39	40
Gris/argent	304.298	304.301	304.328	304.336	304.344	304.352
Roy/ciel	304.476	304.484	304.492	304.506	304.514	304.522
Prix	**69,00**				**79,00**	
Pointures	41	42	43	44	45	**Prix**
Gris argent	304.360	304.379	304.387	304.395	304.409	**79,00**
Roy ciel	304.530	304.549	304.557	304.565	304.573	**79,00**

CAPITOLE **6 SALLES 93.55.68**

● 13 h 45, 15 h 50, 17 h 55, 20 h, 22 h 5 : **A LA POURSUITE DU DIAMANT VERT**. Film 15' après.

● 14 h, 16 h, 18 h, 20 h, 22 h : **MARCHE A L'OMBRE**. Film 30' après.

● 14 h, 16 h, 18 h, 20 h, 22 h : **RETOUR DU CHINOIS**. Film 30' après.

● 14 h, 16 h 30, 19 h, 21 h 30 : **2 SUPER FLICS**. Film 30' après.

● 13 h 45, 15 h 50, 17 h 55, 20 h, 22 h 5 : **DERNIER DRAGON**. Film 15' après.

● 14 h, 16 h, 18 h, 20 h, 22 h : **ON L'APPELLE CATASTROPHE**. Film 30' après.

LES CINÉMAS

ALPHA 1 **LES RIPOUX** avec Ph. Noiret, T. Lhermitte. 14 h, 16 h, 18 h, 20 h, 22 h.

ALPHA 2 **FERMETURE POUR TRAVAUX. RÉOUVERTURE VENDREDI.**

PATHÉ – 93-27-00

TARIFS RÉDUITS pour les moins de 18 ans, les plus de 60 ans et les étudiants : du dimanche, 20 heures, au mardi, 18 heures ; les mercredi, jeudi et vendredi, aux séances de 14 h, 16 h et 18 h ; le lundi, pour tout public.

PATHÉ 1 Panique sur la ville ils sont de retour : **POLICE ACADEMY 2**. Au boulot ! Séances à 13 h 55, 15 h 55, 17 h 55, 19 h 55, 21 h 55.

PATHÉ 2 Kurt Russel et Mariel Hemingway dans : **UN ÉTÉ POURRI**. Festival du film policier, Cognac 1985 : Grand Prix spécial. Séances à 13 h 55, 16 h, 18 h 5, 20 h 10, 22 h 15.

PATHÉ 3 **ESCALIER C** de Jean-Charles Tacchella, avec Robin Renucci. Séances à 14 h, 16 h 5, 18 h 10, 20 h 15, 22 h 20.

PATHÉ 4 Après *Délivrance* et *Excalibur*, le nouveau grand film de John Boorman : **LA FORÊT D'ÉMERAUDE**. Séances à 14 h 5, 16 h 35, 19 h 5, 21 h 35.

PATHÉ 5 **GYMKATA** Le parcours de la mort. Champion des arts martiaux, cette mission exige qu'il tue à mains nues. Séances à 14 h 5, 16 h 5, 18 h 5, 20 h 5, 22 h 5.

PATHÉ 6 Incorruptible implacable, Burt Reynolds est : **STICK, LE JUSTICIER DE MIAMI**. Avec Candice Bergen. Séances à 14 h, 16 h, 18 h, 20 h, 22 h.

PATHÉ 7 Après *Les dieux sont tombés sur la tête*, le nouveau film de Jamie Uys : **LES ANGES SE FENDENT LA GUEULE**. Désopilant. Séances à 13 h 55, 15 h 55, 17 h 55, 19 h 55, 21 h 55.

RIO **IL ÉTAIT UNE FOIS DANS L'OUEST**. A voir et revoir. A 20 h.

Au cinéma

Look at the cinema advertisements and answer in English:

1 Which cinema is showing the most films?
2 Which cinema is closed and why?
3 When will it re-open?
4 Who is entitled to reduced prices at the Pathé (a) on Sundays?
   (b) on Mondays?
5 How many performances are there of
   (a) *Retour du Chinois*?
   (b) *Dernier Dragon*?
6 When is the last performance of *La Forêt d'Emeraude*?
7 Which cinema has only one showing of a film?
8 What does the advertisement say about the film?
9 Which telephone number would you ring for the Capitole cinema?
10 Which film recently won an award?

Au téléphone

Some of the children telephoned home. They followed instructions for automatic dialling.

Pour téléphoner à l'étranger:
1 Introduisez les pièces de monnaie.
2 Après la tonalité composez 19.
   (préfixe d'accès à l'international)
3 Composez 44.
   (l'indicatif du pays—Angleterre)
4 Composez l'indicatif pour votre ville.
   (par exemple 1 pour Londres)
5 Finalement, composez le numéro d'abonné.

Pour certains pays le téléphone est à tarif reduit: Du lundi au vendredi de 21h 30 à 8h et le samedi à partir du 14h pour tous les pays de la CEE. Et pour ces mêmes pays, les dimanches et jours feriés français toute la journée.

A

When you ring England from France:

1 What do you do first?
2 What do you listen for?
3 What is the international dialling code?
4 What is the number for Great Britain?
5 What is the code for your area?
6 What do you leave out when dialling your area code?
7 When is the cheap rate from France on weekdays?
8 What are the times for the cheap rate on Saturdays?
9 And on Sundays?
10 What would you dial for your home number from France?

B

Listen to the telephone conversation (Dialogue 6) and then answer the following questions:

1 When are Catherine and Patrick going to the cinema?
2 What film are they going to see?
3 What time is the last performance?
4 Which cinema are they going to?
5 Where and what time do they plan to meet?

C

Role-Play

Listen again to Dialogue 6. Then, working in pairs, make a similar telephone call to a friend, arranging a film, and a time and place.

How would you get on in St Malo?

A

What do these notices mean?

(a) chien méchant
(b) eau potable
(c) ouvert
(d) renseignements
(e) défense de fumer

B

Would you go in or out?

(a) interdit aux moins de 18 ans
(b) fermé
(c) libre service
(d) sortie
(e) entrée

C

What would you get if you asked for these?

(a) la clef
(b) un coca
(c) des pommes frites
(d) des crêpes
(e) chocolat chaud

D

How do you say?

(a) I am lost.
(b) Where is the lavatory please?
(c) A glass of water please.
(d) I would like a stamp for England.
(e) How much is it?

E

How would you ask for:

(a) some small change
(b) some milk
(c) a cake
(d) some sweets
(e) a chocolate ice-cream

F

How do you say:

(a) Thank you.
(b) I'm too hot.
(c) It's too expensive.
(d) I'm hungry.
(e) I'd like a map of the town.

Retour en Angleterre

Jour du départ. Les bagages sont prêts. Personne ne veut partir. On s'est si bien amusé. Enfin, il faut monter dans le car pour aller prendre le ferry. On dit au revoir à tout le personnel du Manoir et on part pour St Malo.

La traversée est très longue, mais il y a des tas de choses à faire: le questionnaire à remplir, le journal à compléter, un film policier à voir . . . On va faire un tour à la cafeteria. Puis, quelle chance, on nous invite à monter à la passerelle de commandement où le Capitaine nous explique le système de radar et les problèmes de la circulation maritime.

Pendant ce temps, ceux qui sont restés sur le pont entendent des cris: il y a tout un attroupement: naturellement, ce sont nos élèves qui en sont la cause. Que se passe-t-il? Rien de grave, heureusement—un coup de chance extraordinaire: Julia, la petite sœur de Sébastien, qui jouait depuis un quart d'heure sur les machines à sous, a déclenché un avalanche de pièces de monnaie. Les autres se sont précipités pour l'"aider" à récolter sa fortune. Devinez combien elle a gagné: quatre-vingt quinze livres? Jamais elle n'avait été si populaire, tout le monde l'entourait, on lui demandait des sous; mais elle n'a fait ni une ni deux, elle a pris son argent (comment a-t-elle transporté toutes ces pièces?) et elle est allée échanger toute cette monnaie contre des billets de banque. C'est moi qui ai dû m'en occuper: quelle responsabilité!

Vocabulaire

un attroupement....... gathering, crowd
la chance.......................... luck
un coup de chance........ stroke of luck
déclencher........... to set off, activate
deviner....................... to guess
entourer.................. to surround
faire un tour...... to look round, explore
ne faire ni une ni deux.... to act without hesitation
le journal....................... diary
la passerelle de commandement............... bridge
le pont .... deck
récolter.................. to gather up
se précipiter.................. to rush
s'occuper de .... to take care of

A

Read the passage and answer the questions in English:

1 Why don't the children want to leave?
2 What is there to do on board the ferry?
3 What happens on the bridge?
4 Why is there a crowd on deck?
5 Who is Julia?
6 How long had she been playing the fruit machines?
7 How much did she win?
8 What did her friends do?
9 What did she do with the coins?
10 What was the group leader asked to do?

Recorded dialogues and passages

Unit 1, En vacances

Passage 1 (page 9)

A La famille de ma correspondante anglaise va revenir avec moi pour passer les vacances en France. Nous mettons les bagages sur le toit et dans le coffre et nous partons pour Douvres en voiture. C'est le 20 juillet.

B Nous prenons le bateau à Douvres pour traverser la Manche jusqu'à Calais. Le voyage dure une heure. La mer est calme et nous pouvons rester sur le pont.

C Nous débarquons à Calais. Nous passons la douane. Les douaniers examinent les bagages et les passeports. Il y a beaucoup de voyageurs et nous devons attendre notre tour. Puis, nous continuons notre voyage.

D Nous prenons la route nationale en sortant de Calais; une heure plus tard, nous nous arrêtons à l'aire de repos pour manger notre piquenique. Il fait beau et chaud, et nous avons faim et soif.

Unit 1, Dialogue 1 (page 11)

Touriste Allô? Hôtel Les Alouettes?
Réception Oui, j'écoute.
Touriste Je voudrais réserver deux chambres, s'il vous plaît.
Réception Pour quel jour, Monsieur?
Touriste A partir de demain soir, pour deux nuits.
Réception Deux chambres avec douche?
Touriste Oui, c'est ça. Une chambre à un grand lit, s'il vous plaît, et une chambre à deux lits.
Réception Bien Monsieur. Je vous réserve deux chambres avec douche pour deux nuits à partir de demain soir.
Touriste Quel est le tarif, s'il vous plaît?
Réception A cette saison, c'est de 135 à 175F Monsieur.
Touriste Très bien. Alors à demain. Je vous remercie.

Unit 1, Dialogue 2 (page 14)

Voyageuse Je voudrais des renseignements, s'il vous plaît. A quelle heure partent les trains pour Marseille?
Employé Le matin ou l'après-midi?
Voyageuse Le matin. Vers 10 heures.
Employé Il y a un train a 10h 23.
Voyageuse Combien de temps dure le trajet?
Employé 4h 40.
Voyageuse Parfait. Il n'y a pas besoin de changer de train?
Employé Non, le train est direct.
Voyageuse Faut-il louer une place?
Employé Oui, la réservation est obligatoire.

Unit 1, Dialogue 3 (page 14)

Voyageur Marseille, aller et retour, s'il vous plaît.
Employé Première ou deuxième classe?
Voyageur Deuxième, s'il vous plaît.
Employé Voilà. 686 francs. Il y a un supplément pour certains trains pour les voitures-lits et les voitures-couchettes.
Voyageur Et pour le TGV à 10h 23, le supplément est de combien?
Employé Pas de supplément mais une réservation vous coûtera 10 francs la place. Vous préférez fumeur ou non-fumeur?
Voyageur Non-fumeur, s'il vous plaît. Voilà 7 cents francs.
Employé Voyons, le billet, plus la réservation de la place, ça fait 696 francs. Votre monnaie: 4 francs.
Voyageur Merci bien. C'est quelle voie?
Employé Le TGV . . . départ sur la voie B.

Unit 1, Dialogue 4 (page 14)

Contrôleur Vos billets, s'il vous plaît.
Voyageur Voici, Monsieur. Est-ce qu'il y a une voiture-bar ou une voiture restaurant?
Contrôleur Oui, une voiture-bar, vous trouverez des sandwichs au bar. Il y a aussi un service de coffrets-repas ou des plats simples.
Voyageur Très bien. Et est-ce qu'il faut réserver?
Contrôleur Ah non, le service de coffrets-repas est sans réservation.

Unit 1, Dialogue 5 (page 14)

Voyageuse Est-ce qu'il y a un bar ou un restaurant?
Contrôleur Oui, Madame, les deux.
Voyageuse A quelle heure le restaurant est-il ouvert?
Contrôleur A midi ou à une heure.
Voyageuse Et qu'est-ce qu'on peut manger au bar?
Contrôleur Il y a des sandwichs et des croque-monsieur.
Voyageuse Est-ce qu'il faut réserver une table au restaurant?
Contrôleur Non, ce n'est pas nécessaire.
Voyageuse C'est combien, le menu?
Contrôleur Il y a un menu à 80 francs.

Unit 1, Passage 2 (page 16)

1 Le TGV 943, voitures de queue une à huit, dessert Mâcon-Loché, Bourg-en Bresse, Aix-les-Bains et Chambéry. Ce TGV comporte également un service de restauration à la place ainsi qu'une voiture-bar.

2 Le TGV 923 (Voltaire), en première et seconde classe, à destination de Genève, partira à 10h41. Ce TGV dessert Mâcon-Loché, Bourg-en-Bresse, Culoz, Bellegarde et Genève. Ce TGV comporte un service de restauration à la place ainsi qu'une voiture-bar.

3 Les TGV 885 et 835, tous deux en première et seconde classe, partiront à 17h46. Le TGV 885, voitures de tête 11 à 18, dessert Valence, Montélimar, Avignon, Nîmes et Montpellier. Le TGV 835, voitures de queue une à huit, dessert Valence, Montélimar, Avignon, Marseille et Toulon. Ces deux TGV comportent un service de restauration à la place ainsi qu'une voiture-bar.

4 Attention à la mise en place du TGV. Ne stationnez pas en bordure du quai s'il vous plaît. Attendez l'arrêt complet du TGV pour vous en approcher. Merci. La SNCF prie les voyageurs de bien vouloir accepter ses excuses pour la mise en place tardive de ce TGV.

5 Le TGV va partir. Veuillez monter en voiture et ne pas gêner la fermeture automatique des portes. Attention au départ du TGV.

Unit 1, Dialogue 6 (page 17)

La touriste Bonjour Mademoiselle! Je passe mes vacances dans la région et je voudrais visiter la ville et ses environs.
L'employée Alors il vous faut un plan de la ville et une carte de la région.
La touriste Vous avez des brochures?
L'employée Bien sûr. Et voilà aussi une liste des monuments que vous pouvez visiter.
La touriste Merci beaucoup, vous êtes gentille. Dites-moi, je voudrais rentrer à Dinard par l'autocar. Vous avez un horaire, pas hasard?
L'employée Mais oui Madame, en voici un. C'est très simple: il y a une navette toutes les demi-heures.
La touriste Ça, c'est pratique. Merci bien, Mademoiselle.
L'employée Je vous en prie. Au revoir Madame, et bon séjour!

Unit 1, Dialogue 7 (page 17)

Le touriste Je voudrais changer de l'argent, s'il vous plaît.
L'employé Vous avez des billets de banque ou des chèques de voyage?
Le touriste J'ai des billets de banque et je voudrais des francs français. J'ai 30 livres sterling.
L'employé Bon, un instant Monsieur, je vous prie ... Voilà, je vous rends l'équivalent en argent français.
Le touriste Quel est le taux de change?
L'employé Aujourd'hui, Monsieur, c'est 11fr 90.
Le touriste Je vous remercie.

Unit 2, Le camping

Unit 2, Passage 1 (page 21)

A Nous sommes arrivés dans le Midi de la France. Il faisait un temps superbe. Monsieur Brown est allé au bureau où il a demandé un emplacement; il y a laissé son carnet de camping.

B D'abord nous nous sommes installés dans un emplacement au bord de la rivière. Puis nous avons dressé la tente. Tout près il y avait un bloc sanitaire avec des douches chaudes. Nous avons descendu les bagages du toit de la voiture et rangé les affaires dans la tente.

C Ensuite nous avons préparé un repas chaud. Papa a allumé le réchaud à gaz. Maman a fait la cuisine et coupé le pain. Tout le monde avait faim. Il y avait une table et des pliants.

D Après le repas nous avons joué aux boules. Il y avait un terrain de boules au camping et il y a eu un concours. Papa a bien joué, il a gagné. Les vacances ont bien commencé!

Unit 2, Dialogue 1 (page 21)

Le touriste Je voudrais réserver un emplacement, s'il vous plaît.

La dame du bureau Pour combien de personnes?

Le touriste Pour quatre personnes, deux adultes et deux enfants.

La dame Vous avez une tente ou une caravane?

Le touriste Une tente seulement, Madame.

La dame Vous préférez un emplacement au soleil ou à l'ombre?

Le touriste A l'ombre.

La dame Vous avez trouvé un endroit qui vous plaît?

Le touriste Oui, si possible au bord de la rivière.

La dame Vous avez votre carnet de camping?

Le touriste Oui, le voilà. Je vous remercie, Madame.

La dame Bon, à tout à l'heure. Vous trouverez des douches chaudes dans le bloc sanitaire en face, et le terrain de boules est à côté des emplacements.

Unit 2, Passage 2 (page 25)

Christophe aimait beaucoup le sport et il en faisait surtout pendant les vacances. Cet été il a décidé de faire de la planche à voile en Méditerranée. Donc, un jour, il a loué une planche sur la plage et il est parti à travers la baie. Il était expert et comme il avait déjà fait beaucoup de planche à voile, il est allé plus loin que ses copains. Au large, le vent a soufflé plus fort et il y avait des vagues. Brusquement, il est tombé. Il n'a pas pu relever la planche. Heureusement, il a pu attirer l'attention de l'équipage d'un yacht qui passait tout près. On l'a pris à bord et le yacht s'est dirigé vers la côte, la planche attachée au bateau.

Unit 3, Au collège

Unit 3, Passage 1 (page 28)

Le collège a 450 élèves; il y a 20 classes, qui vont de la 6e (où on entre à l'âge de 11 ans) à la 3e. Moi, je suis en 4e; mon prof principal s'appelle M. Marigny. Il est aussi prof d'histoire-géographie. Nous avons 4 cours le matin qui durent environ 50 minutes. A midi je mange à la cantine où je retrouve mes copains; nous reprenons les cours à 2 heures, sauf les après-midis où nous avons du sport. Vers 5 heures, j'attrape le car de ramassage scolaire et je rentre faire mes devoirs.

Unit 3, Passage 2 (page 29)

Mercredi matin, la première leçon c'est le français avec Mme Lambert. Elle est très sévère, mais c'est un rudement bon prof. Nous avions un poème de Verlaine à apprendre par coeur. Moi, j'aime bien la poésie. Stéphanie a été interrogée la première, et la pauvre, elle n'arrivait pas du tout à se rappeler le poème; elle bafouillait, elle était toute rouge. Je n'aurais pas voulu être à sa place. Elle n'a eu que 9 sur 20, même pas la moyenne. Mme Lambert n'était pas contente. Comme toujours, c'est Jean-Luc qui a eu la meilleure note.

Unit 3, Passage 3 (page 29)

Le menu aujourd'hui: sardines au beurre, boeuf Bourguignon, yaourts. Il y a des jours où on mange vraiment bien. J'étais à une table avec Sébastien, Christine et Jean-Luc. Christine n'aime pas les sardines, alors c'est Sébastien qui les a mangées. On était en train de parler des vacances, et tout à coup, j'ai fait un grand geste et mon verre d'eau s'est renversé dans le bœuf Bourguignon de Jean-Luc: quel fou-rire on a pris! Bien entendu le surveillant est arrivé en vitesse et j'ai dû aller chercher un torchon pour essuyer la table.

Unit 3, Passage 4 (page 30)

Deux fois par semaine, nous avons une heure de gymnastique. S'il ne pleut pas, les filles sont dans le gymnase pour la moitié du cours et les garçons sont dans la cour. Dans le gymnase, on joue au volley-ball, ou bien on fait de la poutre, on monte aux espaliers, on fait des barres parallèles et des roulades sur le tapis. Dans la cour, on fait des parcours d'endurance: si on tient le coup pendant 30 minutes, on obtient le maximum: 20 sur 20; 10 sur 20 pour 20 minutes.

Unit 3, Dialogue 1 (page 35)

– Comment t'appelles-tu?
– Je m'appelle Magali Prothon.
– Quel âge as-tu?
– J'ai seize ans.
– Où habites-tu?
– J'habite à Montboucher, un village de la Drôme.
– A quelle école vas-tu?
– Je vais au lycée technique de Montélimar.
– En quelle classe es-tu?
– Je suis en seconde.
– Est-ce que tu prépares des examens cette année?
– Non, je préparerai deux examens l'année prochaine, le bac de français et l'histoire-géographie.
– Quelle matière préfères-tu à l'école?
– Je préfère l'atelier, qui est spécial au lycée technique. On fait surtout de la mécanique. Je suis la seule fille dans la classe.
– Où se trouve ton lycée?
– Le lycée se trouve à dix kilomètres de chez moi.
– Comment vas-tu au lycée?
– J'y vais en car.
– Est-ce que tu apprends l'anglais au lycée?
– J'apprends l'anglais au lycée depuis un an, parce que de la sixième à la troisième, j'étais au collège où j'ai fait trois ans d'anglais.

Unit 3, Dialogue 2 (page 35)

Comment t'appelles-tu? ____________________
Quel âge as-tu? ____________________
Où habites-tu? ____________________
A quelle école vas-tu? ____________________
En quelle classe es-tu? ____________________
Est-ce que tu prépares des examens cette année? ____________________
Quelle matière préfères-tu à l'école? ____________
Où se trouve ton lycée? ____________________
Comment vas-tu au lycée? ____________________
Est-ce que tu apprends l'anglais au lycée? ______

Unit 3, Dialogue 3 (page 35)

Maintenant je vous présente Jérôme, qui habite Les Andelys en Normandie:

– Jérôme, dis-moi, quel âge as-tu?
– J'ai 14 ans.
– Et, est-ce que tu as des frères et soeurs?
– Oui, j'ai un frère et deux soeurs.
– Quel âge ont-ils?
– Mon frère a 15 ans et mes deux soeurs ont 19 ans.
– Elles ont toutes les deux 19 ans?
– Oui.
– Alors, elles sont jumelles?
– Oui.
– Et tu es en quelle classe au collège?
– Je suis en cinquième.
– Combien d'élèves y a-t-il dans ta classe?
– 24.
– Combien de cours as-tu, par exemple, le lundi?
– Le lundi j'ai huit heures de cours.
– 8 heures de cours – et tu commences à quelle heure?
– A huit heures et demie.
– Et tu rentres à quelle heure, le soir?
– A cinq heures et demie.
– De huit heures et demie à cinq heures et demie – est-ce que vous avez des récréations?
– Oui.
– A midi?
– Oui, à midi.
– Et tu manges à la cantine?
– Oui, je mange à la cantine.
– Bon. Et quelles sont tes matières préférées?
– Mes matières préférées sont le français et le sport.
– Le sport. Tout le monde aime le sport! Et qu'est-ce que tu pratiques comme sports?
– Du football et du volley ball.
– Et au collège?
– Au collège, du handball.
– Du handball. Et, combien d'heures de sport est-ce que vous avez chaque semaine?
– Trois heures.
– Est-ce qu'il ya des activités ou des clubs au collège, auxquels tu appartiens?
– Non.
– Pas du tout?
– Je n'appartiens pas à des clubs.
– Tu n'appartiens pas à des clubs, mais est-ce qu'il y a des clubs?
– Oui, il y a l'ASSU au collège.
– Qu'est-ce que c'est, l'ASSU?

– C'est les enfants qui se groupent avec un prof, qui font du sport.
– Ah, et puis quels autres clubs? L'informatique?
– Oui, l'informatique
– Tu ne fais pas d'informatique?
– Non.
– Bon. Est-ce que tu habites loin du collège?
– A douze kilomètres du collège.
– Et alors, comment y vas-tu?
– J'y vais en autobus.
– En autobus: en car de ramassage scolaire?
– En car de ramassage.
– Alors, merci beaucoup, Jérôme.

Unit 3, Dialogue 4 (page 35)

As-tu des frères ou des sœurs? __________
Tu es en quelle classe au collège? __________
Combien d'élèves y a-t-il dans ta classe? __________
Combien de cours as-tu le lundi, par exemple? __________
Et le mercredi? __________
Combien de temps durent les leçons? __________
Quelles sont tes matières préférées? __________
Qu'est-ce que tu pratiques comme sport? __________
Est-ce qu'il y a des activités, des clubs au collège auxquels tu participes? __________
Comment vas-tu au collège? __________

Unit 4, Classes de neige

Passage 1 (page 39)

J'ai choisi de partir en classes de neige pour m'amuser avec mes copains. J'espère qu'on s'amusera tard le soir, qu'on fera beaucoup de ski et aussi qu'on fera des boules de neige, des grandes récréations . . . J'ai commencé mes préparatifs. Je pense beaucoup à la classe de neige. J'ai mis mes affaires de toilette dans ma trousse et mes habits dans mon sac; ils sont tous marqués. J'emporterai des cartes et deux livres.

Je m'équipe. Pour partir, j'ai dû m'équiper de vêtements chauds et imperméables: anorak, combinaison de ski, chaussures après-ski, gants, bonnet. J'ai prévu des lunettes pour me protéger du soleil.

Unit 4, Passage 2 (page 41)

Certains matins, avant l'heure du lever, nous discutons un peu et parfois il y a des disputes: nous faisons du bruit – une animatrice vient nous dire qu'il n'est pas encore 7 h. et que nous devons rester tranquilles pour ne pas gêner ceux qui dorment. Une demi-heure après, elle revient, allume la lumière et nous dit de nous lever, mais on n'a pas le courage de sortir du lit! Enfin, lentement, on se lève, on prépare nos vêtements et on se met de la crème sur la figure. On s'habille. On ouvre les fenêtres pour aérer les chambres et on descend pour le petit déjeuner.

Unit 4, Passage 3 (page 41)

A 8h la cloche retentit au rez-de-chaussée pour annoncer le petit déjeuner. Nous nous regroupons au premier étage et nous descendons dans le réfectoire où chacun prend sa place. Nous apprécions tous le petit déjeuner, surtout le dimanche, car il y a de la brioche et des croissants. Les dames de service nous apportent du lait, du café, du chocolat ou du thé. Ayant fini, nous débarrassons la table. Les profs, les animateurs ou les animatrices nous font signe: nous nous rangeons devant la porte et nous montons dans les dortoirs faire nos lits.

Le repas de midi: hors d'œuvre, viande accompagnée de légumes, fromage et un dessert.

Au goûter, nous avons des tartines, du fromage 'Vache qui rit' et nous buvons du lait ou du thé.

Au dîner, nous avons chaque soir de la soupe de légumes, un plat de résistance, du fromage et un dessert.

Les repas sont très bien servis et très bons, mais au goûter tout le monde se jette sur le pain, alors ceux qui sont en retard n'en ont pas! Nous trouvons aussi que les repas durent longtemps quelquefois.

Au cours des repas les conversations sont animées et bruyantes.

Unit 4, Passage 4 (page 43)

C'est un grand chalet moderne. Il a trois étages, un grand rez de chaussée avec terrasse vitrée, et une salle d'activités. Il peut loger au moins cent personnes. Il y a 17 chambres, 118 lits, 10 douches. Au sous-sol il y a deux salles de classe, une salle de ping pong et un labo photo; on peut mettre ses affaires de ski au séchoir et faire réparer ses skis à l'atelier.

Unit 4, Passage 5 (page 43)

En classe on étudie le Massif Central et la région de Super-Besse: la vie des gens, les plantes, les animaux. Quelquefois nous faisons des maths, de la conjugaison, de la grammaire, mais le plus souvent nous faisons l'étude du milieu. Plusieurs fois par jour, nous relevons la température et nous la notons sur un tableau. En rentrant à Avon, nous comparerons nos relevés à ceux des autres classes. Nous faisons aussi de la météo. Nous illustrons notre cahier de neige. Le prof nous polycopie des documents que nous lisons. Après la classe, nous allons souper.

Unit 4, Passage 6 (page 45)

Ce matin, j'ai chaussé mes skis, j'ai poussé sur mes batons pour prendre de l'élan et j'ai glissé sur la pente douce devant le chalet. Notre moniteur de ski est arrivé. Tout le monde était rassemblé. On s'est élancé, on a glissé. Tout à coup j'ai perdu l'équilibre, je suis tombé. Le moniteur s'est arrêté. Je me suis relevé. 'Il faut monter', a dit le moniteur. On a grimpé et on s'est laissé glisser. On a rencontré une bosse. Paul est tombé. Il s'est vite remis sur pied. Le moniteur a dit: 'Il y a une grande descente qui vous attend'. On a commencé à prendre de la vitesse. Voilà le fond de la vallée, j'aperçois notre chalet. Nous enlevons nos skis que nous mettons dans les rateliers, et nous montons dans nos chambres – c'est l'heure du goûter. J'ai une faim.

Unit 4, Passage 7 (page 49)

1. Je vais faire du ski à Super-Besse du 10 au 17 février.
2. Moi, je vais louer des skis avant d'acheter une carte neige descente.
3. Je vais téléphoner à l'école de ski pour demander des renseignements.
4. Je vais essayer de descendre une piste difficile.
5. Moi, je vais prendre des leçons particulières trois fois par semaine.
6. Je vais monter au Puy de la Perdrix en télésiège.
7. Je vais à un match de balai-ballon à la patinoire.
8. Je vais regarder le grand concours de slalom vendredi prochain.
9. Je vais faire des tests de ski à la fin de la semaine.
10. Aujourd'hui, je vais descendre la piste de bobluge et ce soir j'irai au cinéma.

Unit 4, Passage 8 (page 49)

Tous les soirs au sous-sol du chalet il y a la veillée, animée par Chloé, Dudu et Philippe. Ils organisent des boums, des danses folkloriques, des jeux, des concours. Il y a de nombreux lots (des stylos, des écussons, des auto-collants). Il y a toujours une ambiance folle.

Unit 4, Passage 9 (page 49)

Depuis lundi, nous préparons des sketchs, des chants, des tours de magie, en vue de la grande veillée-spectacle de samedi prochain. Christophe sera le présentateur. Chaque classe animera le spectacle avec des danses, des mimes, etc. Les préparatifs mettent de l'animation dans le chalet. Nous confectionnons nos costumes (chapeaux, accessoires en carton, maquillages . . .) et nous aménageons la salle d'activités en salle de spectacle. Au dîner nous avons trouvé dans notre assiette le programme de cette super-soirée. Après le repas nous nous sommes dépêchés d'aller nous préparer.

Unit 5, Séjour à St Malo

Passage 1 (page 51)

A Le 5 septembre dernier, nous sommes partis de très bonne heure pour prendre le ferry à Southampton. Nous sommes arrivés à St Malo vers six heures du soir après une longue traversée. Quelle course pour retrouver nos bagages! Heureusement, le car français nous attendait sur le quai et un quart d'heure plus tard nous arrivions à notre destination.

B Nous sommes dans un vieux manoir transformé en centre familial – il y a des personnes du troisième âge, quelques familles françaises et une autre école anglaise. Le manoir est situé dans un grand parc avec des terrains de jeux et des tennis, et il a sa propre petite plage où nous sommes descendus après souper.

C La marée était basse et nous avons pu explorer la plage, grimper sur les rochers; Robert a trouvé un énorme crabe mort sur le sable. Personne ne voulait aller se coucher: comme par miracle, personne n'était fatigué. Comme nous étions par groupes de six dans les chalets, c'était une vraie foire et on n'a pratiquement pas fermé l'oeil de la nuit!

D Le lendemain matin, après le petit déjeuner, il a bien fallu se mettre au travail: cours de français, avant d'aller explorer St Malo, la cité corsaire, avec ses magasins, ses cafés, ses remparts, son musée de cire, son aquarium. C'est fou ce que ça donne faim, ces visites: il n'était pas midi et tout le monde avait faim; alors on a fait un pique-nique sur la plage.

Unit 5, Passage 2 (page 55)

A Le lendemain, il a fallu se lever de bonne heure pour aller au marché de Dinan. Le car nous a déposé au bord de la Rance et c'est là que nous avons eu notre cours de français. Puis nous sommes montés dans la vieille ville. Il y avait des étalages sur toutes les places et dans les petites rues. Nous avons vu des canards, des lapins et des poulets vivants, dans des cages. Nous avions un plan de la ville et nous sommes tous partis en groupe pour acheter des cadeaux et des souvenirs.

B Abid s'est acheté un magnifique chapeau marocain. Mon groupe s'est arrêté devant un stand où une grosse dame expliquait comment on fait une mayonnaise parfaite en deux minutes. Nous avons tous acheté le 'gadget' magique. Je me demande si quelqu'un a réussi à faire une mayonnaise—pas moi, en tous cas! Nous sommes entrés dans une papeterie pour acheter des cartes postales et nous avons encore juste eu le temps de manger des crêpes.

C Après avoir acheté cinq kilos de belles cerises noires pour manger avec notre pique-nique, nous avons retrouvé le car, qui était garé près de la Place Du Guesclin. Evidemment, tout le monde avait de nouveau faim et voulait sortir de Dinan le plus vite possible, mais impossible de faire passer le car à travers la grande place: j'ai dû aller au commissariat de police, et à la grande joie du groupe, j'en ai ramené un agent complaisant qui a dégagé la route.

D Nous avons mangé notre pique-nique sur la plage de Saint-Jacut. A marée basse, on peut voir les parcs à huîtres et à moules. C'est un vrai paradis pour les jeunes biologistes, et notre prof de science a pu récolter des quantités de spécimens. Il paraît que pendant la nuit les crabes se sont échappés de leurs boîtes et ont commencé à grimper aux murs. Heureusement ce n'était pas dans mon chalet. Sur le chemin du retour nous avons pu visiter le sanctuaire d'oiseaux de Cap Fréhel.

Unit 5, Dialogue 1 (page 57)

Serveuse Vous désirez?
Paul Je voudrais une crêpe, s'il vous plaît.
Serveuse A quel parfum? Il y a des crêpes au citron, au sucre, à la fraise, au chocolat et au Grand Marnier.
Paul Alors, je prendrai une crêpe au chocolat.
Serveuse Vous désirez quelque chose à boire?
Paul Oui, je prendrai un coca-cola, s'il vous plaît.

Unit 5, Dialogue 2 (page 57)

Vendeur Bonjour, jeune homme. Que désirez-vous?
Jean Je voudrais 2 kg de poires et 3 kg d'abricots, s'il vous plaît.
Vendeur Et avec ça?
Jean Combien coûtent les cerises noires?
Vendeur 4F le kilo.
Jean Donnez-m'en 5 kg.
Vendeur C'est tout?
Jean Non, il me faut aussi 1 kg de pommes.
Vendeur Alors, voilà jeune homme; poires, bananes, cerises et pommes.
Jean Ça fait combien en tout?
Vendeur Et bien, ça fait 40 F exactement.

Unit 5, Dialogue 3 (page 58)

Vendeuse Vous désirez?
Paul Je voudrais six baguettes, s'il vous plaît.
Vendeuse Voilà jeune homme. Et avec ça?
Paul Douze croissants, s'il vous plaît.
Vendeuse C'est tout?
Paul Oui merci. Ça fait combien?
Vendeuse Voyons, six baguettes, dix-huit francs, douze croissants, trente francs, ça fait quarante-huit francs.
Paul Voilà Madame. Merci beaucoup et au revoir.

Unit 5, Dialogue 4 (page 58)

Paul Si on achetait des cartes postales?
Christophe Oui, bonne idée. J'ai promis à ma mère de lui écrire.

Paul	Regarde, il y a un tabac, là, en face.

(Ils entrent dans le tabac et choisissent des cartes postales.)

Christophe	Madame, s'il vous plaît, est-ce que vous vendez aussi des timbres?
Vendeuse	Mais oui, bien sûr. Des timbres à combien?
Paul	C'est pour l'Angleterre.
Vendeuse	Pour l'étranger, c'est 1F 80.
Christophe	Alors donnez-nous 4 timbres à 1F 80 s'il vous plaît.

Unit 5, Dialogue 5 (page 59)

Le Docteur	Bonjour, jeune homme. Alors, qu'est-ce qui ne va pas?
Paul	Je suis tombé sur un rocher à la plage et je me suis fait mal à la main. J'ai une plaie à la paume et mon poignet est enflé.
Le Docteur	Bien. Montre-moi ça. Je vais examiner cette plaie. Bon, ça n'est pas grave. Je vais juste faire deux points de suture. Tu verras, ça ne fait pas très mal. Es-tu vacciné contre le tétanos?
Paul	Je ne sais pas. J'ai laissé mon carnet de santé chez moi.
Le Docteur	Et bien, je vais te faire une piqûre antitétanique—et après tu iras te faire faire une radiographie du poignet. Je pense qu'il n'y a rien de cassé.
Paul	Je vous remercie, Docteur. Finalement vous ne m'avez pas fait trop mal.

Unit 5, Passage 3 (page 60)

A Pour occuper nos soirées nous avions l'embarras du choix. Le Directeur du Centre Familial nous a montré de très belles diapositives de la Bretagne; nous avons fait des parties de boules avec un groupe d'hommes d'affaires qui utilisaient la salle de conférences du manoir, et comme ils parlaient mal l'anglais, nos élèves ont dû se débrouiller en français.

B Grâce à Germain, notre chauffeur de car, nous avons pu aller plusieurs fois à St Malo pour la soirée. Nous avons fait le tour de la ville par les remparts, ce qui donne une très bonne idée de l'impressionnante forteresse qu'était St Malo. Nous nous sommes assis à la terrasse d'un café, mais quand on a vu les prix des consommations, on a décidé d'aller dans une brasserie où il y avait un babyfoot, un flipper et les inévitables machines à sous.

C Un soir nous avons eu envie d'aller au cinéma. Malheureusement, il n'y avait qu'un film de Dracula; personnellement, j'ai horreur de ces films-là, mais tout le monde n'est pas de cet avis et une douzaine d'élèves y sont allés. Je ne leur ai pas dit que les films étrangers sont presque toujours doublés en France: Dracula en français, c'est une nouvelle expérience et encore une occasion de faire des progrès en français: Nous, les profs, nous sommes allés à un café-concert. C'était très drôle et très sympa.

D En rentrant d'une visite à l'usine marémotrice de la Rance, nous avons découvert que certains élèves avaient acheté des pétards. Tout le monde sait qu'il y a trois choses interdites: les couteaux à cran d'arrêt, les boissons alcoolisées et les pétards. Donc, nous étions plutôt furieux. Mais, après une courte conférence, nous avons décidé de garder les pétards, que nous avions mis dans un grand sac en plastique, et qu'au lieu de les jeter à la mer, nous les ferions sauter sur la plage le dernier soir. Ainsi les élèves verraient qu'il est plus raisonnable, et aussi plus drôle, de faire les choses ouvertement avec la participation des profs. En fait, cette soirée a été très réussie; tout le monde sauf moi, évidemment, a dû se mettre à l'eau pour lancer les pétards sur les rochers. On s'est couché tard, et j'ai l'impression qu'il y a eu des festins nocturnes monstres dans les châlets.

Unit 5, Passage 4 (page 62)

Paul et Christophe sont assis à la terrasse du Café des Corsaires avec des copains. Ils regardent le tarif des consommations. Paul veut un coca, Christophe un diabolo-menthe, Olivia un jus de fruit, Abid un panaché et Julia une glace à la fraise.

Unit 5, Passage 5 (page 63)

Mesdames, Messieurs, les Grands Magasins vous proposent aujourd'hui:

Le Camembert Président à 6F 50.

Château Margaux 1982: 59F 95 la bouteille.

Le plateau de pêches: 3 kilos pour 25F.

Délicieux melons Charentais: 2 pour 15F.

Charcuterie: pâté truffé extra: 59F 50 les trois boîtes.

Les promos de la semaine:

Rayon ménager: paquet de lessive géant à 39F.

Crystal: une demi-douzaine de flutes à Champagne: 54F.

Camping: sac de couchage ultra-léger: 340F.

Rayon sport: chaussures de tennis: 40 pour cent de rabais: 129F seulement.

Sac de sport super: prix spécial 63F 95, une occasion à ne pas manquer.

Unit 5, Dialogue 6 (page 67)

Patrick	Allô, c'est toi Catherine?
Catherine	Oui, qui est à l'appareil?
Patrick	Mais c'est Patrick. Voyons, tu ne reconnais pas ma voix?
Catherine	Ah oui, si, bien sûr. Alors, quoi de neuf?
Patrick	Si on allait au cinéma?
Catherine	Quand ça?
Patrick	Ce soir, par exemple.
Catherine	Mm, et qu'est-ce qu'on joue?
Patrick	Il y a *La Forêt Emeraude* ou *Deux Super Flics*.
Catherine	Moi, je préfère *Deux Super Flics*. J'ai déja vu *La Forêt Emeraude*. La dernière séance est à quelle heure?
Patrick	A 19h ou à 21h 30.
Catherine	21h 30. A quel cinéma?
Patrick	Au Capitole.
Catherine	Bon. Je viens te chercher chez toi à 9h et quart?
Patrick	D'accord. Salut, à tout à l'heure!